Lilly Maier

Deutsch-jüdische Geschichte im 20. Jahrhundert

GRIN Verlag

Bibliografische Information der Deutschen Nationalbibliothek:

Die Deutsche Bibliothek verzeichnet diese Publikation in der Deutschen National-
bibliografie; detaillierte bibliografische Daten sind im Internet über http://dnb.d-
nb.de/ abrufbar.

Impressum:

Copyright © 2013 GRIN Verlag GmbH
Druck und Bindung: Books on Demand GmbH, Norderstedt Germany
ISBN: 978-3-656-85418-0

Dieses Buch bei GRIN:

http://www.grin.com/de/e-book/285168/deutsch-juedische-geschichte-im-20-jahr-
hundert

GRIN - Your knowledge has value

Der GRIN Verlag publiziert seit 1998 wissenschaftliche Arbeiten von Studenten, Hochschullehrern und anderen Akademikern als eBook und gedrucktes Buch. Die Verlagswebsite www.grin.com ist die ideale Plattform zur Veröffentlichung von Hausarbeiten, Abschlussarbeiten, wissenschaftlichen Aufsätzen, Dissertationen und Fachbüchern.

Besuchen Sie uns im Internet:

http://www.grin.com/

http://www.facebook.com/grincom

http://www.twitter.com/grin_com

Deutsch-jüdische Geschichte im 20. Jahrhundert

Endlich emanzipiert: Neue Möglichkeiten, alte Grenzen

Emanzipation = rechtliche Gleichstellung

1780-1918 = dramatischste Umwandlung im jüd. Leben überhaupt (in ganz Europa)
→ dramatisch u. unerwartet

Ausgangspunkt: Ende d. 18. Jhdt.
Juden hatten wichtige ökonomische Funktion auf der niedrigsten Ebene (Trödler, Hausierer)

Endpunkt: Kaiserreich, ab 1918
Rathenau als wichtiger Politiker

Ausgangspunkt
- Ende d. 18. Jhdt. etwa 70.000 Juden im Bereich des zukünftigen Reichs

- nach 1815 doppelt so viele Juden
  o u. im Habsburgerreich noch mal 70.000 dazu (hauptsächlich in Böhmen u. Mähren)
  o und 200.000 in Galizien

- ohne Habsburger Länder: Juden etwa 1% der Bevölkerung

- Wien, Berlin, Frankfurt hatten mehr, aber trotzdem immer weniger als 5% d. Bevölkerung
  o (vgl. heute Berlin 15% Türken)
  o aber Juden waren sehr sichtbar u. in der Mittelschicht

- 50 % aller deutschen Juden lebten in Preußen, 20% in Bayern

Juden waren zu dieser Zeit sehr beweglich, sind viel gereist, gewandert – kulturelle Grenzen sind zu dieser Zeit wichtiger als die politischen Grenzen

sehr untersch. Gesetzgebungen in d. untersch. Städten/Ländern
- Bsp. in Fürth lebten Juden
- in Nürnberg durften sie sich nur tagsüber aufhalten

was f. d. meisten Juden zutrifft
- hauptsächlich urban (außer in Bayern, dort sehr ländlich)
- nur 6 Gemeinden mit über 1 000 Mitgliedern
  o Frankfurt, Hamburg, Glogau, Mannheim, Zülz, Fürth
- zu dieser Zeit noch bescheidener Mittelstand im Handel, noch nicht an Universitäten
- viel in Geldgeschäften, Trödler u. Hausierer

- nur 1/3 d. Juden lebte eine gesicherte Existenz, restlichen 2/3 waren arm

- und daneben eine kleine Minderheit v. Reichen u. Einflussreichen

→ Juden waren eine typische Randgruppe in d. Gesellschaft

Juden standen unter besonderen Gesetzen
- Leibzoll
- konnten nicht ohne Erlaubnis heiraten
- gab auch Verfolgungen u. Ausweisungen

Randgruppe mit einer anderen
- Religion
- Berufsstruktur (keine Bauern; kaum Arbeiter, d. für andere Menschen arbeiten)
- Lebensgewohnheiten
- Sprache
- Kleidung

Forschungsdiskussion, ob man von gesellschaftlicher Isolation sprechen kann
→ wer handelt u. interagiert, kann ja nicht komplett isoliert sein

Endpunkt 1918
- Juden sind (immer noch) etwa 1% d. Bevölkerung
- besitzen nun aber vollen Bürgerrechte
- sind fast in ihrer Gesamtheit Teil des Bürgertums
  o städtische Gruppe, hauptsächlich kommerziell im Handel, gebildet u. wohlhabend
  o 60% im Kleinhandel
  o 25% immer noch arm
  o die sehr reichen u. kulturell sehr bedeutenden u. sichtbaren Personen (wie Rathenau) bleiben Minderheit

Emanzipation u. Integration parallele Entwicklungen?

zw. 1780 u. 1918 also Umwandlung v. isolierten Menschen zu Emanzipation u. Integration

ab Ende d. 18. Jhdt. versuchen Juden „Eingang" in d. dt. Gesellschaft zu finden
→ durch Besitz
→ durch Bildung (dt. Sprache u. Kultur erlernen)
→ Eingang in die Bourgeoise finden

weil d. Juden sich um Emanzipation bemühen
→ streiten sich Nicht-Juden über gesetzliche Gleichstellung d. Juden

Aufklärungsgedanke: Minderheiten müssen Teil d. neuen aufgeklärten Staates sein

Christian Wilhelm Dohm
  o war preußischer Beamter
  o u. erster, der sich dafür einsetzt
  o schrieb Buch „*Über die bürgerliche Verbesserung der Juden*" (1781)
    => 1. Forderung nach Gleichstellung d. Juden
in Habsburgermonarchie unter Josef II. eine Reihe von Toleranzedikten

- dürfen nun in deutsche Schulen
- dürfen nun mit Nicht-Juden gemeinsam arbeiten

Unterschied zu Frankreich: Rechte nach u. nach, wenn sich Juden assimilieren
→ FRAU: zuerst Rechte, dann assimilieren

sehr viel Ähnlichkeit mit d. Emanzipation d. Frau – auch d. sollten zeigen, dass sie im Stande sind, gleichgestellte Bürger zu sein

in all diesen jüdischen Emanzipationen ging es nur um Männer – jüdische Frauen, waren doppelt belastet

immer Frage, wie man das zeigt? Wie kann man andere überzeugen, dass man bereit ist?
Assimilation hieß z.b. schönes Hochdeutsch zu sprechen

1812: Edikt d. Preußischen Staates – „betreffend die bürgerlichen Verhältnisse der Juden"

o *Paragraph 1: „Die in unseren Staaten jetzt wohnhaften, mit General-Privilegien, Naturalisations-Patenten, Schutzbriefen und Konzessionen versehenen Juden und deren Familien sind für Einländer und Preussische Staatsbürger zu achten."*

o *Paragraph 7: „Die für Einländer zu achtenden Juden sollen [...] gleiche bürgerliche Rechte und Freiheiten mit den Christen geniessen."*

gab dann versch. Erweiterungen + Einschränkungen

1833 Erweiterungen: Bsp. Reisefreiheit in Preußen
innerhalb v. Preußen beginnt dann eine Migration v. Osten nach Westen

1848er-Revolution
- Juden nehmen aktiv teil
- Verleihung d. Wahlrechts
- Gleichstellung d. Juden wird v. Revolutionären als selbstverständlich angesehen
- Paulskirchenverfassung wollte
  o Paragraph 16: „Durch das religiöse Bekenntnis wird der Genuß der bürgerlichen und Staatsbürgerlichen Rechte weder bedingt noch beschränkt."

während dieser fortschrittlichen Gedanken während d. Revolution, gab es
ABER gleichzeitig eine Reihe v. gewalttätigen Ausschreitungen gg. Juden im ganzen Reich
→ Verknüpfung v. Juden mit Adel, mit Ausbeutung

nach d. Revolution: Emanzipation verteidigt von oben, attackiert von unten

- Regierungen weiter bemüht, Juden gleichzustellen
- Widerstand kam von unten: von Parlamentariern u. v. niederen Bürgern

Unsicherheit in Bevölkerung: gehören Juden zum deutschen Volk?
gleichzeitig begann dann industrielle Revolution, wirtschaftliche Blüte der 1850er, 1860er

in dieser Zeit war dann die Frage nach d. dt. Juden nicht mehr interessant
plötzlich gibt es keine Gegenwehr mehr

nach 80 Jahren Streit, geht es dann plötzlich durch ohne Diskussionen:
vgl.: auch Emanzipation d. Frauen ging nach dem 1. WK ohne Diskussion durch

endgültige Schritte zur Gleichberechtigung dann 1869-1871
- 3. Juli 1869: Gesetz „*betreffend der Gleichberechtigung d. Konfessionen*" hat nur
  einen einzigen Artikel: „*Alle noch bestehenden, aus der Verschiedenheit des
  religiösen Bekenntnisses hergeleiteten Beschränkungen der bürgerlichen und
  staatsbürgerlichen Rechte werden hiermit aufgehoben.*"

=> neues deutsches Kaiserreich beginnt mit voller Emanzipation d. (männlichen) Juden

Die Euphorie nach der „Vereinigung"

= ein Erfolg, wo andere noch lange nicht emanzipiert sind,

unter diesen neuen Umständen wächst diese Prosperität d. Juden weiter
→ zeigt sich an Steuerzahlen
- um 1900 zahlen 1/4 d. Juden überhaupt keine Einkommenssteuer (zu arm)
  o Vgl.: generell zahlt aber Hälfte d. dt. Bevölkerung keine Steuer
- Juden sind reicher als Gesamtbevölkerung –wenn man sie mit allen vergleicht

wenn man jüdischen Mittelstand mit restlichem Mittelstand vergleicht, sind sie auf alle Fälle
wesentlich gebildeter
→ sehr hoher Anteil in Schulen, in Universitäten
→ tlw. 10 Mal mehr jüdische Mädchen in Schulen als d. restlichen Mädchen

in Großstädten neue berufliche Möglichkeiten → Studium u. freie Berufe
aber über 60 % immer noch im Kleinhandel

→ f. Nicht-Juden bedeutete Emanzipation, dass Juden mit d. Zeit nicht mehr jüdisch
sein werden
→ f. Juden bedeutete Emanzipation, mit allen anderen gleichberechtigt zu sein, aber
jüdisch zu bleiben

→ konvertieren konnte man ja auch schon früher, das hatte dann Assimilation als Folge

Ziel => anpassen, ohne eigene Identität aufzugeben

untersch. Gemeinden – untersch. Grad d. Religiosität
- orthodox u. liberal
- Traditionelle- u. Reformsynagoge
  o Reformjudentum = Versuch, Juden zu bleiben, während man deutsch ist, das
    Judentum zu ändern, aber nicht aufzugeben

→ Jüdische Identität behalten, während man deutsch wird
Zu dieser Zeit sehr viel jüdische Aktivität:

4

- jüdische Presse
- jüdische Wohlfahrtsorganisationen
- jüdische Schulen
- jüdische Studentenvereine

Ist es Integration, wenn man sich selber innerhalb seiner Minderheitengruppe organisiert?

    → nennt man in Forschung oft „Negative Integration"
        → man tut dasselbe wie die anderen, aber separat → es gibt christliche
Studentenvereine, jetzt gründen wir jüdische

=> Strategie, sich den anderen anzupassen, durch separate Organisationen

Was war wichtiger: Erfolg oder Integration?
    Volkov: f. Juden waren andere Sachen wichtiger als Integration → sozialer Aufstieg u.
Erfolg

Erfolg in Gesellschaft, in Wissenschaft, in Wirtschaft, in Theater
    → Juden waren bahnbrechende Modernisierer

Resultat: Juden waren wieder anders als andere → mehr in Bildung, mehr in Wissenschaft

f. sie war es nicht so wichtig, gemeinsam mit Nicht-Juden zu sein → wichtiger war es,
dasselbe zu sein (selben Möglichkeiten, selben Positionen)

Erfolg gelang → hier waren Juden erfolgreich
    → vielleicht weniger erfolgreich in Integration

nach Schule spielten jüdische Kinder nicht mit den nicht-jüdischen, sondern untereinander
man fuhr gemeinsam auf teure Kuraufenthalte
    wichtig ist, dass man es tun kann, dass man es sich leisten kann
    nicht wichtig ist, es gemeinsam mit Nicht-Juden zu tun

Jüdische Vorteile auf dem Weg in d. Moderne
- Demographischer Vorsprung (weniger Kindersterblichkeit durch mehr Hygiene)

- Beweglichkeit (Emigration u. Immigration – mussten beweglich sein wg.
Vertreibungen) – deswegen mehr Wert auf Geld als auf Landbesitz

- Drang in d. Städte (auch bessere Schulen, Bildungsmöglichkeiten)

- Bildungsdrang

- d. richtigen (städtischen) Berufe u. nicht die gewünschte Produktivisierung (lernten
jetzt nicht handwerkliche Berufe, obwohl sie durften, sondern blieben im Handel)

Volkov: Juden waren eine Generation vor den anderen modernisiert
    → das heißt, man könnte sagen, die anderen haben sich dann an ihnen assimiliert
f. Juden war es wichtiger moderner, erfolgreicher, dynamischer zu sein als integriert

5

Mögliche Gründe f. diese Modernisierung
- religiöse Vorschriften?
- Traditionelle Normen?
- Erziehung?
- Beweglichkeit?

Nachteile d. Modernisierung
→ Nationalismus
→ Entwicklung einer nationalstaatlichen Ideologie

→ nicht klar, ob Juden zum Volk gehören
- Sind Juden eine Minderheit (wie andere auch)?
- Sind Juden ein Fremdkörper?
- Sollen sie wie „unsereins" sein? (Theodor Mommsen)

→ unterschiedliche Auffassungen d. Emanzipation durch Juden u. Nichtjuden

→ nach Emanzipation entstand Antisemitismus

Der moderne Antisemitismus – Neu oder dasselbe?

Gastvortrag von Frau Prof. Shulamit Volkov

Antisemitismus = eigentlich keine Frage d. jüdischen Geschichte, sondern eine Frage der sie umgebenden Gesellschaften

→ leider wird Antisemitismus aber fast ausschließlich in der jüdischen Geschichte behandelt

→ jahrhundertlange Tradition d. Hasses gg. Juden

gab schon Antisemitismus vor d. christlichen Zeit → Vertreibung aus Ägypten wird in römischer Geschichtsschreibung genau gegenteilig dargestellt

=> aber hier meint es ein europäisches Phänomen

- mit theologischen u. sozialen Motiven
  o gab religiöse Motive (Antijudaismus)
  o aber auch soziale Gegnerschaft – z.B. weil Juden immer in spezifischen Berufen waren

- alte Stereotype und wiederholte Beschuldigungen
  o vgl. MA: Knabenmörder, Hostienschänder, Brunnenvergifter, etc.

also jahrhundertlange Tradition, wo Juden ausgegrenzt wurden – u. wenn sie nicht gehasst wurden, dann wurden sie zumindest auf Distanz gehalten
- war akzeptiert als Teil d. jüdischen Lebens, auch sie selbst setzen auf diese Distanz
Historiker nennen Judenhass ab Ende 19. Jhdt. → modernen Antisemitismus

- klingt so als wäre etwas Neues passiert
- Frage, ob es wirklich etwas Neues war? Wo setzt man da die Unterschiede?

Säkularisierung u. Rationalismus im 18. Jhdt. helfen nur wenig
→ Aufklärung änderte nichts an Abneigung gg. Juden

Emanzipationsforderungen oft trotz Abneigung
→ Intellektuelle, d. Emanzipation d. Juden fördern, wollen das zu Gunsten des Staates
– in ihren Forderungen beschreiben sie Juden trotz allem sehr „schwarz"

Ende d. 19. Jhdts. in Dtl. 650.000 Juden – sehr kleine Minderheit, weniger als 1%

Vormärz und Revolution

auch nach Franz. Revolution u. Aufklärung gab es immer wieder Ausschreitungen gg. Juden

schon 1819 gewalttätige Ausschreitungen gg. Juden => „Hep-Hep"-Unruhen
- von Bayern aus nach Westen, dann auch in Nord- u. Ostdeutschland

- Erklärungsversuche: erste Schritte d. Modernisierung in Dtland. → Unruhe in
  Bevölkerung wg. Gesellschaftsänderungen
- unruhige Zeit: gab auch andere Unruhen
  o z.B. gg. Adlige od. Protestanten

Frage: Sind das jetzt immer noch antijudaistische (religiös geprägte) Ausschreitungen?
→ Eigentlich nicht, aber im MA waren sie ja auch nicht 100%ig religiös.

1830er Jahre, Revolution 1848-49 = Höhepunkt d. dt. Liberalismus u. d. Emanzipation
→ aber trotzdem Unruhen gg. Juden

immer wenn sich gesellschaftlich etwas Großes ereignet, gibt es parallel dazu
Ausschreitungen gg. Juden

Der post-emanzipatorische Antisemitismus

trotz allem gab es mit Reichsgründung 1871 rechtliche Gleichstellung f. Juden

es schien für eine Zeit lang so zu sein, als ob es nach Reichsgründung u. erlangter
Emanzipation keinen Antisemitismus mehr gebe

ABER:
jetzt beginnt was Historiker modernen od. post-emanzipatorischen Antisemitismus nennen

1873: Wirtschaftlicher Kollaps
- Schmerzen der Modernisierung – Wer gewinnt? Wer verliert?
  o es gab natürlich Gesellschaftsschichten, die Modernisierung ablehnten
  o Juden waren immer sehr stark für jede Modernisierung – Juden waren da
    immer ein Stück weiter, schneller modernisiert als d. Rest

7

- o das konnte man sehen im öffentlichen Leben, das rief einige Probleme herauf

1879: Politische Umwälzungen
- Menschen suchen sich nach 1879 neue politische Richtungen
- Krise des Liberalismus, Kampf gg. Sozialismus

um diese Zeit auch neue publizistische Blüte
- nach 73 beginnt man in Zeitschriften über Schuld d. Juden zu lesen
  - o wirft ihnen Börsencrash vor, weil sie in Börse so aktiv sind

→ Scheitern d. Liberalismus wirft man nicht d. Liberalismus vor, sondern den Juden !

- z. B in
  - o Germania – katholische Zeitung
  - o Kreuzzeitung – konservative Zeitschrift
  - o Gartenlaube – Mittelschicht, vormals liberal, aber jetzt viele Artikel über Schuld d. Juden

→ man muss da aber immer vorsichtig sein, weil wir ja nicht wissen, was die Menschen geredet haben, man darf solche Texte nicht überbewerten, solange man nicht weiß, wie weit verbreitet sie waren

→ in den 1870ern war diese Judenfeindlichkeit aber tatsächlich sehr weit verbreitet => Trend

- auch Reihe von Schriften, die sich mit Judenproblem beschäftigen
  - o August Rohling: *Der Talmudjude* (1871)

  - o Otto Glagau: *Die soziale Frage ist die Juden Frage*
    - ▪ d. h. lösen wir d. Judenfrage, haben wir d. sozialen Probleme gelöst

  - o Wilhelm Mar: *Der Sieg des Judenthums über das Germanenthum* (1879 – 12 Auflagen)
    - ▪ darin erstmals Verwendung des neuen Begriffes: Antisemitismus

Warum brauchte man eigentlich ein neues Wort für Judenhass?
- Wort hat Ähnlichkeit mit <u>Anti</u>liberalismus, <u>Anti</u>sozialismus → das klingt wissenschaftlicher als „Hass“
- *Hass* ist emotional, aber ein *ismus* ist überlegt, kann eine Ideologie sein

- Juden plötzlich Semiten zu nennen, ist auch merkwürdig – kommt aus Philologie (semitische Sprachfamilie)
- Zeitgleich beginnt man Gegensatz *Arier* ←→ *Semiten*, um historische Stämme zu unterscheiden
- Wort Antisemitismus ist praktisch, um es v. d. alten mittelalterlichen Judenhass zu unterscheiden
Wort Antisemitismus verbreitet sich wie Feuer, wird auch von Juden selber benutzt
  - → am Ende der 1870er war Wort AS so verbreitet, als hätte es immer schon existiert

<u>Christlich-soziale Arbeiterpartei</u> (später Christlich-soziale Partei)

- gegründet vom Hofpfarrer Adolf Stoecker

- konservative Bewegung, um Arbeiter vom Sozialismus zurück zur Herrschertreue zu bringen

- erste antisemitische Organisation

- Adolf Stoecker hat mit sehr großem Erfolg Menschen durch antisemitische Reden angezogen (nicht zwingend Arbeiter, aber Handwerkern u. Mittelschicht)

<u>Rede v. Adolf Stoecker, 19. Sept. 1879</u>

„Wir hassen niemand, <u>wir hassen auch die Juden nicht</u>; <u>wir achten sie als unsere Mitbürger und lieben sie als das Volk der Propheten und Apostel</u>, aus welchem unser Erlöser hervorgegangen ist, aber das darf uns nicht abhalten, wenn <u>jüdische Blätter</u> unseren Glauben antasten <u>und jüdischer Mammongeist</u> unser Volk verdirbt, diese Gefahr zu kennzeichnen. "

- interessant, dass er anfangs sagt, er hasst die Juden nicht – man kann also Antisemit sein, ohne die Juden zu hassen
- richtet sich gg. Zeitungen u. Mammongeist (Vorherrschaft im Finanzwesen)

„Die Juden sind und bleiben ein Volk im Volke, <u>ein Staat im Staate</u>, ein <u>Stamm für sich unter einer fremden Rasse</u>. "

- interessante Mischung: *Juden sind ein Staat im Staate* (= alte Beschuldigung, das wird ihnen seit 200 Jahren vorgeworfen)
- neu ist: Benutzung von Wort *Rasse* - *fremde Rasse*

„Israel muß den Anspruch aufgeben, der <u>Herr Deutschlands</u> werden zu wollen. "

- Gefühl, dass diese kleine Minderheit, Deutschland beherrschen will

---

Der Berliner Antisemitismusstreit

Heinrich von Treitschke (berühmter Historiker v. Preußen)
→ unter ihm wurde Antisemitismus „salonfähig"

„Unsere Ansichten", Preußische Jahrbücher, 15. November 1879

"Nein, der Instinkt der Massen hat in der That eine schwere Gefahr[...] richtig erkannt; es ist keine leere Redensart, wenn man heute von einer <u>deutschen Judenfrage</u> spricht..."

"über unsere Ostgrenze aber dringt Jahr für Jahr aus der unerschöpflichen polnischen Wiege eine Schaar strebsamer hosenverkaufender Jünglinge herein, deren Kinder und Kindeskinder dereinst Deutschlands Börsen und Zeitungen beherrschen sollen."

- richtet sich nicht gg. deutsche Juden !
- → Angst vor Einwanderung von osteuropäischen Juden

- wieder Hinweis auf Zeitungen u. Börsen

- spiegelt Tatsache der sehr großen Emigration aus Osten wieder (sehr viele Juden)
  o die sich sehr schnell integrieren, da sie ambitioniert sind u. dem Staat keine Belastung werden wollen
  o das erzeugt Unsicherheit, Angst, Neid in deutscher Bevölkerung

„Was wir von unseren israelitischen Mitbürgern zu fordern haben, ist einfach: <u>sie sollen Deutsche werden</u>, sich schlicht und recht als Deutsche fühlen - unbeschadet ihres Glaubens und ihrer alten heiligen Erinnerungen, die uns Allen ehrwürdig sind."

- klingt tlw. wie Stoecker – wir ehren Juden, wir achten ihren Glauben, als unseren (christlichen) Vorgänger
- ABER sie sollen Deutsche werden
  o → Frage, woran sich das zeigt

- Unterschied: früher verlangte man, Juden sollen Christen werden
  → jetzt neue Forderung: Juden sollen Deutsche werden

„Denn wir wollen nicht, daß auf die Jahrtausende germanischer Gesittung ein <u>Zeitalter deutsch-jüdischer Mischcultur</u> folge."

- neue Angst (neben Börsen u. Zeitungen): Eindringen d. Kultur
- Angst vor einer Mischkultur (jetzt wo wir endlich eine geeinte dt. Kultur haben)

„Bis in die Kreise der höchsten Bildung hinauf, unter Männern, die jeden Gedanken kirchlicher Unduldsamkeit oder nationalen Hochmuths mit Abscheu von sich weisen würden, ertönt es heute wie aus einem Munde<u>: die Juden sind unser Unglück!</u>"

- Beschreibung dieser gebildeten, liberalen Männer (wie Autor)

10

Frage: Wer hat Treitschke gelesen?
- Preußische Jahrbücher waren sehr intellektuell, wenig gelesen
- aber er war ein populärer Lehrer u. hatte viele Studenten
- spätere Antisemiten sprachen oft von seinem großen Einfluss

Reaktionen

tragischer Moment f. viele Juden – Gefühl, dass die endlich erreichte rechtliche Gleichstellung umsonst war

- *„Umsonst gelebt und gearbeitet"* (Berthold Auerbach in einem Brief)

- *„Wir Jüngeren hatten wohl hoffen dürfen, daß es uns allmählich gelingen würde, in die Nation Kants uns einzuleben... Dieses Vertrauen ist uns gebrochen. Die alte Beklommenheit wird wieder geweckt."* (Hermann Cohen, 1880)

→ tiefes Gefühl v. Enttäuschung

→ anderer Tenor: gebt uns ein bisschen mehr Zeit uns einzuleben

Reaktion v. nicht-jüdischer liberaler Seite
→ Theodor Mommsen (berühmter Althistoriker) schreibt Antwort auf Treitschke

„Der Eintritt in eine Große Nation kostet seinen Preis; die Hannoveraner und die Hessen und wir, Schleswig-Holsteiner, sind daran, ihn zu bezahlen...Auch die Juden führt kein Moses wieder in das gelobte Land; mögen sie Hosen verkaufen oder Bücher schreiben, es ist ihre Pflicht, soweit sie es können, ...auch ihrerseits die Sonderart nach bestem Vermögen von sich zu tun und mit entschlossener Hand niederzuwerfen."

- das ist die beste Verteidigung, die es damals v. d. Liberalen gab!

- eigentlich fordert er genau dasselbe: Deutsch werden, assimilieren

---

Antisemitismus in Politik und Gesellschaft

1. Phase

- Christlich-Soziale Arbeiterpartei, 1878 (Stoecker)

- Soziale Reichspartei, 1880 (Henrici)

- *Antijüdische Petition*, 1881 (Liebermann von Sonnenberg, Förster, u.a.) → mit über 225.000 Unterschriften

- + dagegen: d. „Notablen-Erklärung" v. 76 Wissenschaftlern
  - viele sehr berühmt: Mommsen, Droysen, Virchow, etc.

11

- aber trotzdem 76 gg. 225.000

2. Phase

- Antisemitische Volkspartei (später: deutsche Reformspartei), 1887 (Otto Boeckel)
  o vorwiegend in Hessen u. auf d. Lande

- Deutsch-Soziale Partei, 1890 (Theodor Fritsch)
  o vorwiegend in d. Mittelstädten Sachsens

→ diese Parteien hatten den Sinn, die Menschen Schritt f. Schritt v. d. liberalen Parteien wegzubringen u. nach rechts hinzuführen

- 1893: 16 antisemitische Reichstagsabgeordnete (nur 2,9% d. Wähler)
  o also trotz dieser ganzen politischen Agitation, war der Erfolg nur gering – u. im Reichstag waren sie dann auch noch untereinander zerstritten

→ bei Treitschke wurde Antisemitismus salonfähig, aber d. heißt nicht, dass er auch politisch erfolgreich war – vl. doch nicht so salonfähig (zumindest als politische Bewegung nicht)

Antisemitische Aspekte auch in d. großen Parteien
- 1892: ein antijüdischer Paragraph im Programm der Deutschkonservativen Partei

Antisemitismus in großen Vereinen
- v.a. im Bund d. Landwirte

ABER es gab auch → ausgesprochene Anti-Antisemitische Positionen
- v. Liberalen u. Sozialdemokraten

- *Der Abwehrverein* – Verein zur Abwehr des Antisemitismus
  o gegründet v. Nichtjuden
  o v. linker Seite d. Liberalismus
  o publizierten gg. Antisemiten, zeigten sie tlw. an

„Antisemitismus ist der Sozialismus des dummen Kerls" aus August Bebels Buch „Sozialdemokratie und Antisemitismus"

Sozialdemokraten haben bis auf ganz kleine Ausnahmen nicht mit d. antisemitischen Parteien kooperiert – auch wenn es ihnen geholfen hätte

Was war jetzt neu an dieser Bewegung?
  also was war Unterschied von Antisemitismus zum Antijudaismus?

- parteipolitische Aktivität
  o früher gab es keine antisemitischen Parteien
  o aber eigentlich sind Parteien ja generell eine neue Erfindung

- Rassentheorien
    - o oft nicht von Deutschen erfunden
        - Gobineau: *Essai sur l'inégalité des races humaines* (1853-1855)
        - Chamberlain (erst sehr spät)
    - o aber im 19. Jhdt. ist Rassentheorie im Antisemitismus noch sehr unwichtig – setzen „Rasse" und „Volk" und „Zion" begrifflich gleich

- Sozialdarwinismus
    - o damals noch nicht so wichtig
    - o Judenfrage war eine Kulturfrage u. nicht eine biologische Frage

Antisemitismus war wichtiger in Gesellschaft als in Politik
- z.B. in Vereinen
- (zumindest jetzt noch) als politische Bewegung unerfolgreich
- Antisemitismus als soziales Phänomen, vielleicht sogar als kultureller Code

man darf nicht vergessen:
- das ist eine Zeit in d. Juden besser integriert sind als jemals zuvor u. besser als irgendwo anders auf der Welt – studierten, unterrichteten, etc.
- u. gleichzeitig läuft diese sehr starke soziale Abneigung

Antisemitismus hat Gesellschaft in zwei Lager geteilt
- die, die nicht wirklich wussten, wie sie über Juden dachten
- die, die ganz stark gegen Antisemitismus kämpften

Probleme der Identität: Assimilation und Selbstbehauptung

Gastvortrag von Frau Prof. Shulamit Volkov

Am Beispiel von Walther Rathenau

- * 29. September 1867

- Sohn v. sehr erfolgreichen Emil Rathenau, Begründer u. Generaldirektor der AEG
- sehr, sehr reiche Familie
- Geschäftsmann, Industrieller, Bankier
- aber auch: Feuilletonist, Journalist, Schriftsteller, Künstler
    - o Bild d. Mutter Mathilda Liebermann (rechts) ist v. ihm gemalt

- ab Januar 1922 Außenminister der Weimarer Republik

- 24. Juni 1922 in Berlin ermordet

ist natürlich <u>nicht</u> repräsentativ f. die deutschen Juden → zu reich, zu berühmt, zu einflussreich

= ein besonderer Fall, aber trotzdem sehr interessant

13

- als Beispiel f. d. Auseinandersetzung mit d. Problem d. jüdischen Identität am Vorabend d. 1. WK

Die Rathenaus und Liebermann

- sehr wenig religiös; fast keine Belege, dass sie Feiertage oder Bar Mitzwahs feiern
- aber sie leben fast nur mit Juden, auch engere Mitarbeiter nur Juden

- schon als Student in Straßburg leidet Walther Rathenau unter dieser „gesellschaftlichen Exklusivität"

- er sucht deswegen d. Gesellschaft v. Adligen u. macht erste Erfahrungen mit Antisemitismus

- Rathenau hat auch Schwierigkeiten im Militär u. v.a. keine Chance Offizier zu werden

Rathenau dazu in einem Brief:
- *„In den Jungendjahren eines deutschen Juden gibt es einen schmerzlichen Augenblick, an den er sich zeitlebens erinnert: wenn ihm zum ersten Mal voll bewußt wird, daß er als Bürger zweiter Klasse in die Welt getreten ist und daß keine Tüchtigkeit und kein Verdienst aus dieser Lage befreien kann. "*
- meisten Juden wollten keine Offiziere werden, aber diese Erfahrung, dieses Gefühl blieb trotzdem da

- Rathenau studierte, arbeitete dann in mehreren Firmen in d. Industrie (nicht so erfolgreich), Vater hielt nichts v. technischen Talent u. Geschäftssinn d. Sohnes

dann 1897 Veröffentlichung d. Stücks *„Höre, Israel! "*
in Zeitschrift *„Die Zukunft"* von Maximilan Harden (konvertierter Jude)

Stück => Angriff auf d. dt. Juden

- *„Von vornherein will ich bekennen, daß ich Jude bin"*
- *„Bedarf es einer Erklärung, wenn ich zum Antisemitismus neige? "*

  o Antisemitismusbekenntnis im Entwurf, nicht in veröffentlichter Version

- Seine Beschreibung d. Juden: *„Inmitten deutschen Lebens ein abgesondert fremdartiger Menschenstamm, glänzend und auffällig staffiert, von heißblütig beweglichem Gebaren. Auf märkischem Sand eine asiatische Horde. "*

- *„In engem Zusammenhang unter sich, in strenger Abgeschlossenheit nach außen – : so leben sie in einem halb freiwilligen, unsichtbaren Ghetto, kein lebendes Glied des Volkes, sondern ein fremder Organismus in seinem Leibe. "*

- *„Der Staat hat euch zu Bürgern gemacht, um euch zu Deutschen zu erziehen. Ihr seid Fremde geblieben und verlangt, er solle nun die volle Gleichberechtigung aussprechen? "*

  o Rathenau klingt hier schlimmer, direkter als Treitschke

    o Harden war begeistert v. d. Stück, auch er sah es so, dass es mit der
       Assimilation nicht klappt, weil d. Juden nicht dazu bereit sind

- hat natürlich auch viel mit d. Anstrom v. osteuropäischen Juden zusammen

- *„Ein Ende der Judenfrage ist die Taufe nicht. Was also muß geschehen? [...] die
bewußte Selbsterziehung einer Rasse zur Anpassung."*

- *„Das Ziel des Prozesses sollen nicht imitierte Germanen, sondern deutsch geartete
und erzogene Juden sein.*

    o interessant, dass er in d. Taufe keine Lösung sah
    o Rathenau war zwar aus d. Synagoge in Berlin ausgetreten, aber er hat sich
       nicht taufen lassen

→ Rathenau hat also großes Unbehagen mit seinem eigenen Judentum !

<u>Rathenau trifft 1906 Kanzler Bernhard von Bülow</u>

Bülow beschreibt das Treffen in seiner Biographie

- *„Er näherte sich mit einer tadellosen Verbeugung... `Eure Durchlaucht`, begann er
mit wohltönendem Organ und indem er die rechte Hand auf die linke Brust legte,
`bevor ich der Gunst eines Empfanges gewürdigt werde, eine Erklärung, die zugleich
ein Geständnis ist...Durchlaucht, ich bin Jude."*

- das ist eine lächerliche u. unnötige Beschreibung, weil überall bekannt war, dass die
Rathenaus Juden sind

- Bedürfnis, dass immer wieder zu konstatieren, nicht gehen zu lassen

<u>Jüdischer Selbsthass?</u>

- ist Rathenau ein Beispiel v. jüdischem Selbsthass?

- gab viele Beispiele dafür im damaligen Deutschland

    o Kafka, in einem Brief an Max Brod: *„Weg vom Judentum ...wollten die
meisten, die Deutsch zu schreiben anfingen, sie wollten es; aber mit den
Hinterbeinchen klebten sie noch am Judentum des Vaters, und mit den
Vorderbeinchen fanden sie keinen neuen Boden."*

    o Kafka in einem Brief an Milena: *„Wenn man mir freigestellt hätte, ich könnte
sein, was ich will, dann hätte ich ein kleiner ostjüdischer Junge sein wollen."*

- Kafka identifiziert sich mit Ostjuden, daher kam seine Faszination f. Jiddisch

- Kluft zw. Ost- u. Westjuden ist gar nicht so groß

→ noch v. d. ersten Weltkrieg beginnt Rathenau seine Meinung zu ändern

- ändert seine Meinung wirklich sehr stark

- kritisiert, dass Russland u. Preußen die Juden noch immer nicht gleichberechtigt behandeln
  o in „Staat und Judentum", 1911

- immer gg. d. Konversion, sieht es nicht als gerechtfertigt an, dass getaufte Juden besser behandelt werden

- ändert seine Rasseneinstellungen v. früher
  o in einem Brief: „Ich halte alle Rassentheorien für Zeitspielerei."

  o und kritisiert in einem Brief „Höre Israel!"
  o distanziert sich davon (allerdings nicht öffentlich): „Der Ton war verfehlt....der Ton war lieblos, oder eigentlich ...grausam"

- man sieht jetzt mehr u. mehr Stolz in seinem Judentum

- schreibt jetzt mehr u. mehr, wie erfolgreich d. Juden sind

  o = allgemeiner Trend am Ende d. 19. Jhdt.

  o plötzlich viel Interesse am Judentum, auch am Ostjudentum (man will jiddisch kennen lernen)

  o = Dissimilation, wieder mehr jüdisch werden

  o man geht mit Assimilation bis an einem Punkt, aber nicht d. letzte Stück, weil sie das Judentum nicht verlieren wollen

  o wenn man nicht religiös ist, was bleibt dann noch v. Judentum? → man geht jetzt wieder ein paar Schritte zurück u. nähert sich z.B. d. Ostjuden an

- Rathenau richtet sich aber nicht öffentlich gg. Antisemitismus
  o auch nicht gg. d. Judenzählung v. 1916

  o aber in Briefen: „Je mehr Juden in diesem Krieg fallen, desto nachhaltiger werden ihre Gegner beweisen, daß sie alle hinter der Front gesessen haben, um Kriegswucher zu treiben."

- Judenzählung im 1. WK war eine große Erniedrigung f. viele Juden
  => zweite Welle v. Enttäuschung

Rathenau lehnt Mitgliedschaft im *Centralverein deutscher Staatsbürger jüdischen Glaubens* u. allen anderen Abwehrorganisationen ab

   o CV hatte 1916 ca. 70.000 Mitglieder u. wenn man alle angegliederten Verbände mitzählt: 200.000

   o v. a. Abwehrarbeit mit Nachdruck auf Deutschtum <u>und</u> Judentum

   o ihre Zeitschrift hieß „Im Deutschen Reich"

   o *„Wir sind ein Verein deutscher Staatsbürger. Wir stehen fest auf dem Boden der deutschen Nationalität. Unsere Gemeinschaft mit den Juden anderer Länder ist keine andere als die Gemeinschaft der Katholiken und Protestanten Deutschlands mit den Katholiken und Protestanten anderer Länder."*

   o *„Wir sind Deutsche! Auf deutschem Boden sind wir geboren, auf deutschem Boden werden wir dereinst, so Gott will, begraben werden."*
     (Eugen Fuchs, Oktober 1895)
- Rathenau wollte unter keinen Umständen Mitglied in einer jüdischen Organisation sein – will sich nicht öffentlich als Jude definieren u. CV war ihm wohl auch zu orthodox

→ parallel mit CV kam es auch zu einem <u>Aufstieg d. jüdischen Nationalismus</u>

- Idee: Gemeinschaft basiert auf Abstammung u. Geschichte
  o Beginn einer jüdischen Geschichtsschreibung

- Anfänge in Russland (seit etwa 1882)
- auch Stimmen in Deutschland

- Theodor Herzl *Der Judenstaat*, 1896 → Zionismus

- dann Gründung d. *zionistischen Vereinigung f. Deutschland (ZvfD)*

- deutsche Juden sahen Zionismus u. Palästina als Heimat f. d. Ostjuden !
  → sie selber wollten mit Doppel-Identität in Deutschland leben bleiben

Rathenaus Reaktionen zum Zionismus (1918)
„Die überwältigende Mehrzahl der deutsche Juden ...hat nur ein einziges Nationalgefühl: das deutsche. Wir wollen, wie unsere Väter, in Deutschland und für Deutschland leben und sterben. Mögen andere ein Reich in Palästina begründen, uns zieht nichts nach Asien."

Rathenau wird Außenminister

Rathenau war parteilos

zuerst war er Wiederaufbauminister
und ab Januar 1922 Außenminister

- Rathenau sieht sich als Deutscher – will seinem Vaterland dienen
- trotzdem ist er jetzt nach d. 1. WK stolz ein Jude zu sein

- es interessierte ihn nicht, dass er als Außenminister in Gefahr war
- es interessierte ihn auch nicht, dass mögliche Fehler v. ihm der jüdischen Gemeinde angehängt werden könnten – bzw. glaubt er nicht daran

- seine Erfüllungspolitik sind die Bestrebungen um ein friedliches Europa
  o will Deutschland wieder in d. Gemeinde d. Nationen hineinbringen
  o wird v. Westmächten ignoriert u. unterzeichnet dann ein Abkommen mit d. Russen – wollte wenigstens irgendeine Vereinbarung schaffen

- wird öfters v. Rechtsradikalen bedroht u. auch attackiert, Morddrohungen

  o *„Wenn meine Stunde geschlagen hat – und nicht früher – werde ich genommen werden. Dann, wenn ich dieses Land ein wenig näher dem Frieden verlasse...werde ich fühlen, daß ich es nicht zu früh verlassen habe"*
- nimmt die Morddrohungen nicht ernst, weil er sich nicht wichtig genug fühlt

- 24. Juni 1922 in Berlin v. rechtsextremen Studenten erschossen
  o Volkov: Hauptgrund f. Ermordung war der Weimarer Republik zu schaden, aber praktisch war natürlich, dass er Jude da
  o das war auch d. Meinung d. meisten deutschen Juden

Reaktionen auf seinen Tod waren unerwartet
- Gewerkschaften organisierten 500.000 Menschen f. eine Demo gegen seine Mörder (dabei war er ja ein großer Kapitalist u. d. Gewerkschaften mochten ihn nicht)

Allgemeine Veränderungen für Juden im 1. Weltkrieg

=> zeitlich wieder ein Sprung zurück !

Territoriale Veränderungen und Heimatlosigkeit

d. großen jüdischen Siedlungsgebiete deckten sich mit Hauptkampfzonen d. 1. WK in Mittelosteuropa

→ etwa 1 Mio. Juden wurden heimatlos

→ andere wechselten Herrschaft häufig
- z.B. Lvov (Lemberg, Lwow, Lviv)
  o Teil Österreichs, im Sept. 1914 von russ. Armee erobert

18

- o im Juni 1915 von AUT zurückerobert
- o im Winter 1918 nach Niederlage d. österr. Armee im Zentrum der Kämpfe zwischen polnischer u. ukrainischer Arme
- o schlussendlich fällt es dann an Polen

- Wilna (Wilno, Vilnius)
  - o gehörte zum Zarenreich
  - o 1915 deutsch
  - o 1918 Hauptstadt eines unabhängigen Litauen
  - o im April 1919 von der polnischen Armee erobert
  - o August 1920 von der Roten Armee erobert und Litauen zurückgegeben
  - o 2 Monate später von den Polen zurückerobert und annektiert

unvermeidbar → Juden kämpften im Verlauf d. 1. WK gg. Juden

- Zusammenarbeit auf internationaler Ebene zw. jüd. Gemeinden war praktisch unmöglich geworden

- Solidarität nur auf dem Gebiet d. Wohltätigkeit
  (das haben auch Katholiken untereinander gemacht)
  - o Hilfsverein der deutschen Juden sammelte 15,5 Mio. Mark für notleidende Juden Osteuropas
  - o noch stärkere Anstrengungen durch amerikanisches Judentum → *JOINT Distribution Committee* im Nov. 1914 gegründet

Deutsche Juden und der Krieg

→ Gelegenheit f. dt. Juden schien nun gekommen, ihren Patriotismus besonders deutlich unter Beweis zu stellen

- v. a. genährt durch große Hoffnung, dass im Krieg erreicht wird, was man in Friedenszeiten nicht geschafft hat → gesellschaftliche Integration

- Juden waren bemüht ihren Patriotismus besonders deutlich unter Beweis zu stellen

- Burgfrieden 1914 → Kaiser kennt keinen Unterschied mehr zw. d. untersch. Parteien u. Konfessionen

- zusätzliche Motivation → ging gegen antisemitisches Zarenreich!

Zahl d. jüd. Kriegsteilnehmer u. d. Gefallenen (12.000) entsprach Gesamtbevölkerung
        → sogar etwas über Durchschnitt (viele meldeten sich freiwillig)

→ starke Kriegsbegeisterung
        = gleich wie in deutscher Bevölkerung

tlw. übersteigerter Chauvinismus
        → Ernt Lissauer schrieb „Hassgesang gg. England"
        u. erhielt dafür Roten Adlerorden Preußens

→ wurde aber auch v. 60 jüdischen Persönlichkeiten in einem offenen Brief als „unjüdisch" abgelehnt

Philosoph Hermann Cohen
(erfolgreicher Jude, war wichtiger Philosophie-Professor)
2 Aufsätze während 1. WK: „Deutschtum und Judentum"
versucht Synthese zw. dt. u. jüd. Kultur aufzuzeigen
sagt Juden haben mehr mit Deutschen zusammen, als mit irgendeiner anderen Nation

→ viele waren dieser Meinung
osteuropäische Juden begrüßten dt. u. österr. Armeen als Befreiung
(verbanden mit GER Kultur, Bildung, Aufklärung)

ABER auch → (deutsch)-jüdische Pazifisten

u.a. Sigmund Freud, Albert Einstein (gab sogar dt. Staatsbürgerschaft auf), Arthur Schnitzler, Karl Kraus („Fackel")

Freud sagte *„er habe noch niemals ein Ereignis so viel kostbares Gemeingut der Menschheit zerstört, so viele der klarsten Intelligenzen verwirrt, do gründlich das Hohe erniedrigt wie der Krieg"*

→ zeigt, es gab keine jüdische einheitliche Meinung zum Krieg

Juden in der Vermittlerrolle

gab auch Ansicht, Juden seien d. Vermittler zw. d. Kulturen
(wie schon im Mittelalter)

wichtigster Vertreter d. Vermittlerrolle →Sozialdemokrat *Eduard Bernstein*
→ sah Juden als Mittler, da sie ja in allen Ländern lebten
→ *„Von den Aufgaben der Juden im Weltkrieg"* (1918)

war natürlich unrealistisch, d. meisten Juden waren ja auch Patrioten

auch viele Rabbiner beriefen sich auf Friedensidee d. Propheten

→ Leo Baeck betonte in Kriegspredigten d. Ideal d. Friedens
sah d. Krieg bestenfalls als notwendiges Übel
(obwohl er Feldrabbiner an der Front war)

Integration

→gab auf individueller Ebene Erfolge

erstmals werden Juden Offiziere in d. preußischen Armee
+ steigen in bisher verschlossene politische Positionen auf

- Bsp. *Walther Rathenau* wird Chef d. Kriegsrohstoffabteilung
- *Albert Ballin* wird Leiter d. Zentraleinkaufsgesellschaft

im Großen u. Ganzen überwiegt aber Enttäuschung u. fortwährender Antisemitismus

→ und 1916 großer Rückschlag: Judenzählung v. preußischen Kriegsministerium

- zählten in jeder Kompanie Anteil u. Positionen d. Juden
- angeblich, um d. antisemitischen Vorwurf entgegenzuwirken, dass sich Juden v. Krieg drücken
- dadurch erfuhren viele Soldaten erst, dass ihre Mitkämpfer Juden waren

- Juden sahen sich als Deutsche, wollten nicht wieder extra hervorgehoben werden

→ in Tagebücher sehr negativ, enttäuschend v. Juden aufgenommen
   „Mir ist, als hätte ich eben eine furchtbare Ohrfeige erhalten,"

auch literarische Beispiele, d. sich darauf beziehen
- Georg Hermann: *„Enttäuschung am Deutschen"*
- Ernst Toller: *„Die Wandlung"*

<u>Begegnung mit den Ostjuden</u>
   → gibt es durch d. Krieg verstärkt, immer öfter

- Ostjuden werden v. deutscher Armee bewusst politisch ausgenutzt
   → heben bewusst Verbindung zum dt. Kulturkreis hervor
   (weil Jiddisch ja auch d. Dt. sehr viel näher sei)
   → versuchen Ostjuden zu mobilisieren

f. viele d. dt. assimilierten Juden war Begegnung mit Ostjuden sehr wichtig
→ trafen nun „authentische" Juden, d. wie ihre Großeltern waren (Bärte, Jiddisch, ..)

Arnold Zweig u. Maler Hermann Struck → idealisierendes Buch *„Ostjüdisches Anlitz"*

Philosoph Martin Buber gab ab 1916 wichtige Kulturzeitschrift *„Der Jude"* heraus
   → darin osteuropäische Jude stark idealisiert

+ ca. 70.000 osteuropäische Juden kamen als Zwangsarbeiter u. Kriegsgefangene nach Deutschland

durch 1. WK ABER auch → <u>Durchbruch d. Zionismus</u>

1917: <u>Balfour Deklaration</u>
   = diplomatischer Durchbruch, offener Brief an Rothschild
   v. Lord Balfour, britischer Außenminister

„Die Regierung Seiner Majestät betrachtet mit Wohlwollen die Errichtung einer nationalen Heimstätte für das jüdische Volk in Palästina und wird Ihr Bestes tun, die Erreichung dieses Ziels zu erleichtern"

In Weimar angekommen? Zwischen Integration und Ausgrenzung

während Kaiserzeit gab es keine jüdische Offiziere, nur sehr wenige jüdische Professoren u. Richter, keine jüdischen Minister im Kaiserreich

<u>Revolution und Umbruchszeit</u>

- erstmals treten nun jüdische Politiker in prominenter Stellung auf
  - o egal, ob sie religiös jüdisch waren od. nicht – v. außen wurden sie auf alle Fälle so betrachtet

- politisch standen die alle eher links bis kommunistisch

v. Wählerverhalten waren d. Juden eher bürgerlich-liberal u. nicht sozialdemokratisch
→ aber d. politisch linken Parteien waren eher bereit jüdische Politiker aufzustellen

- im Rat der Volksbeauftragten waren 2 von 6 Mitgliedern jüdisch: d. Rechtsanwälte *Hugo Haase* und *Otto Landsberg*
- *Hugo Haase* zeitweise Präsident d. SPD
- *Paul Hirsch* war preußischer Ministerpräsident
- *Hugo Preuß* galt als Vater der Weimarer Verfassung
- unter militanten Gegnern d. jungen Republik war *Rosa Luxemburg* d. bekannteste Frau u. eines ihrer ersten politischen Opfer

<u>Sonderfall Bayern</u>

- in Bayern waren jüd. Akteure während Revolution sehr aktiv gewesen

- Ausrufung d. Freistaats Bayern

- → erster Ministerpräsident war jüdisch: *Kurt Eisner*
  - o Mitglied der USPD
  - o im Februar 1919 ermordet v. Graf Arco (d. selber aus jüd. Familie Oppenheimer stammte)

großes Chaos, dann kommen zwei je sehr kurzlebige Räterepubliken

- in d. 1. gemäßigteren Räterepublik jüd. Schriftsteller wie Ernst Toller, Gustav Landauer, Erich Mühsam
- in d. 2. Räterepublik waren dann Eugen Leviné führend

April 1919 konservativer Wandel → Bayern wird von nun an konservativ

→ aber unter d. bayrischen Juden überwog klare Ablehnung gg. Eisners USPD u. d. Räterepubliken → offene Distanzierung !

in wichtiger jüdischer Zeitung in Berlin wird beklagt, dass „*die Männer, die sich am weitesten von Judentum entfernt haben, von außen immer als ihre obersten Vertreter angesehen werden"*

Tenor: wir (die orthodoxen Juden) haben mit diesen kommunistischen Firlefanz nichts zu tun, also wenn das schief geht, richtet euch bitte nicht gegen uns

da gibt es noch ganz viele solcher Beispiele → diese linken Politiker seien keine Juden

auch von katholischer Seite Kritik daran
- Kardinal Faulmann
- u. z. B. auch Thomas Mann (der ja mit einer getauften Jüdin verheiratet war) beklagt sich in seinem Tagebuch über entstehendes „Judenregiment"

→ das ist Stimmung 1918 auf Revolution u. das Gesicht der Revolution ist nun mal d. jüdische Kurt Eisner

wobei natürlich immer egal ist, dass sich nur wenige dieser Politiker selber als jüdisch religiös sahen

München u. Bayern wird daraufhin Zentrum d. entstehenden rechtsextremen Gruppierungen

1920ern → Ausweisungen von jüdischen ausländischen Staatsbürgern (auch wenn die schon in München geboren waren)

1923 → gescheiterter Hitlerputsch

in Bavaria Filmstudios wird in den 20ern eine sehr aufwendige „*Nathan der Weise*"-Verfilmung produziert → sehr erfolgreich in Berlin u. anderen Städten, aber in München bedroht NSDAP die Kinobesitzer so stark, dass er (obwohl in München gedreht) nicht aufgeführt werden kann – wegen seinem Toleranzgedanken

Politische Bedingungen f. Juden in Weimarer Republik

→ erstmals volle berufliche Integration

- Walther Rathenau: Außenminister
- Max Liebermann: Präsident der Preußischen Akademie der Künste
- Ernst Cassirer: Rektor der Universität Hamburg

→ das sind Ämter mit großem Ansehen, wo das Judentum plötzlich nicht mehr hinderlich

ABER → Antisemitismus ist plötzlich eine physische, bedrohliche Gefahr

- Rathenau, Eisner, Landau v. Rechtsextremen ermordet

- Cassirer bekam antisemitische Drohbriefe

Politische Orientierung

- Mehrzahl d. dt. Juden sind traditionell mit d. liberalen Parteien
  o DDP: Deutsche Demokratische Partei

- mit zunehmender Schwächung d. Liberalen → Hinwendung zur SPD

- aber in Teilen auch Unterstützung d. katholischen Zentrumspartei
  o weil ihnen Wirtschaftspolitik bei bürgerlichen Parteien besser gefällt

- jüdische Orthodoxie unterstützt in Bayern die Bayrische Volkspartei
  o weil ihnen die Religionspolitik besser gefällt
    ▪ haben→ gemeinsame Ziele: Konfessionsschulen bewahren
  o gab richtige Aufrufe in orthodoxen Zeitungen, die Volkspartei zu wählen

Kulturelles Leben

→ immer weniger fühlten sich im öffentlichen kulturellen Leben noch als wirkliche praktizierende Juden – aber da gab es sehr große Unterschiede bis hin zum Konvertieren

→ gibt nicht *den* einen Kunststil, dem alle deutschen Juden folgten
– auch wenn die Nazis das natürlich gerne so dargestellt haben (als Antideutsch)
– und auch die Zionisten haben versucht, die gemeinsame jüdische Kultur festzulegen
  - Schriftsteller: Lion Feuchtwanger, Arnold Zweig, Jakob Wassermann
  - Kritiker: Alfred Kerr, Kurt Tucholsky
  - Regisseure: Max Reinhardt, Leopold Jesner, Ernst Lubitsch
  - Schauspieler: Elisabeth Bergner, Fritz Kortner, Ernst Deutsch
  - Musiker: Arnold Schönberg, Bruno Walter
  - Wissenschaftler: Albert Einstein, Fritz Haber, Richard Willstätter

Antisemitismus

- Aufstieg rechtsextremer u. antisemitischer Parteien

- Ausweisungen von Ostjuden 1923 (siehe oben)

- Kurbäderantisemitismus – einzelne Kurbäder, die sich damit brüsteten, keine Juden zu erlauben, v.a. an Nord- u. Ostsee – Bsp. Borkum

→ jüdische Vereine wollen dagegen vorgehen, *Centralverein* führt mehrere Prozesse
  → antisemitisches Lied in Kurbad Borkum wird dann verboten – worauf, die wieder stark protestieren und es dann auch wieder erlaubt wird

→ Ausgangsort v. Antisemitismus also oft nicht Städte, sondern Kurorte

Krise

- Inflation u. Wirtschaftskrise betrifft v.a. Mittelstand → also jüdische Gemeinde besonders stark betroffen

- Jüd. Selbsthilfe als Antwort
  o Arbeitslosenunterstützung, Genossenschaftsbanken, Arbeitsämter, etc.

dann kommt politische Krise hinzu
- Boykottaufrufe gg. jüd. Betriebe
- Ausschluss aus Organisationen u. Berufsgruppen

→ in dieser Krisensituation entstehen in AUT u. GER manche Untergangsvisionen

- Hugo Bettauer: „Die Stadt ohne Juden"
  o beschreibt Wahl eines antisemitischen Kanzlers, der alle Juden aus AUT ausweist – Niedergang d. Kultur, d. Wirtschaft u. d. Bürgertums – aber mit Happy End: Österreicher holen Juden zurück

- Artur Landsberger: „Berlin ohne Juden" (1930)

Jüdische Kultur in der Weimarer Republik

<u>Minderheitenidentität in der Mehrheitsgesellschaft</u>

Wie kann eine so stark an die umgebende deutsche Kultur angepasste Gruppe ihre eigene kulturelle Identität bewahren?

- religiöse Riten (aber von viele Juden nicht mehr praktiziert)
- Sprache (obwohl Jiddisch nur d. osteuropäischen Juden betrifft u. nicht d. Deutschen)
- Speisegesetze
- eigene kulturelle Sphäre: Bildung, Literatur, Kunst

<u>Jüdische Gemeinde</u>

- Gemeinschaft aller Juden

- als Körperschaft d. öffentlichen Rechts können d. Jüdischen Gemeinden „Kirchensteuer" einziehen u. in Schulen Religionsunterricht anbieten
  o große Mehrzahl d. dt. Juden war Mitglied einer Gemeinde, wenig Austritte
    aber damals ist ja auch kaum jemand aus d. Kirchen ausgetreten

- 600.000 Juden = 1% d. dt. Bevölkerung
  o im Rückgang, weil die Geburtenraten bei den Juden sinken u. weil es sehr viele interkonfessionelle Ehen gab, wo deren Kinder dann meisten nicht jüdisch waren

- ca. 20% Ostjuden – viel Einwanderung

- Urbanisierung: bis Mitte d. 19. Jhdts. waren d. dt. Juden eine weitgehend ländliche
  Bevölkerung, nun sehr stark in d. Großstädten
    o um 1930 lebten von diesen 600.000 Juden 170.000 allein in Berlin (ist Größe
      einer Großstadt) und 27.000 in Frankfurt am Main

Religiöses Leben

→ wenn man sich d. Ausgaben d. jüd. Gemeinde in Berlin anschaut, ist nur ein relativ
geringer Teil f. Religiöses (Rabbi, Unterricht, etc.)
  → Großteil ist im Sozialbereich

→ auch in den Gemeindevorsitzwahlen zeigt sich, dass viele das nicht mehr religiös sehen
  Bsp. liberale Listen
  Bsp. zionistische Listen, etc.
          → stellen dann den (religiösen) Gemeindevorsitzenden

1926 erstmals einen zionistischen Gemeindevorsitzenden in Berlin
→ der will Gemeinde von Religionsgemeinde in Volksgemeinde umbenennen
→ scheitert aber

verschiedene religiöse Strömungen

Großteil d. Juden waren nicht sehr religiös (vgl. heute)
→ zunehmende Säkularisierung
        → „Dreitagesjuden" – kamen nur an großen Feiertagen

drei mögliche Arten von Synagogen

1) *Liberales Judentum / Reformjudentum*
      größte Strömung
      Reformen im Gottesdienst – z.B. gab es hier Orgelmusik !
      betonte Zeitgebundenheit d. Gesetze
            → jüdische Gesetze (wie Speisegesetze, Einhaltung Shabbat-Ruhe) sind
            zeitgebunden → wir können sie nicht heute so einhalten, wie vor 2 000 Jahren

      einige Gebete in dt. Sprache (Landessprache)

      aber Frauen u. Männer saßen damals immer noch getrennt
      heute in den USA: Reform und Conservative

2) *Austrittsorthodoxie*
      von „Einheitsgemeinde getrennt"
      wollen nicht Gemeindesteuer zahlen, wenn damit auch liberale Tendenzen (wie
      Orgelmusik) gezahlt werden, haben dann eigene Gemeinden gegründet
      halten sich sehr stark an alle Speisegesetze, Shabbat-Ruhe, etc.

1876: <u>Austrittsgesetz in Preußen</u>
→ Preußischer Landtag beschließt, dass orthodoxe Gemeinden ihre eigenen
Gemeinden gründen dürfen → waren meistens recht kleine einzelne Gemeinden

3) *Gemeindeorthodoxie*

setzten stärker auf Gemeinschaft, sind zwar auch gg. Liberale, aber wollen eine große
Gemeinschaft bleiben

heute sichtbarstes Unterscheidungsmerkmal:
- orthodoxe Synagogen: Frauen u. Männer sind getrennt, nur männliche Rabbiner
- liberale Synagogen: alle sitzen gemeinsam, es gibt auch Rabbinerinnen

Orthodoxe gg. Orgel:
- weil es im antiken zerstörten Tempel in Jerusalem Musik gab – sie wollen d. alte
  Synagoge nicht imitieren – sagen, auch wenn es tausende Jahre dauert, wird Tempel
  wieder aufgebaut (liberale Juden sagen, heutige Synagoge = unsere Synagoge)
- Orgelspielen = Arbeit
- Orgel kommt aus christlichem Gottesdienst – wollen nicht imitieren

Heute: gibt es auch in liberalen Synagogen kaum Orgeln
→ weil sie eben nicht Christen imitieren wollen

bekanntester Rabbiner in Weimarer Berlin → Leo Baeck !

Bildung

→ alle die nicht nur über Religion ihr Jüdischsein definierten, haben sich dann selber gefragt,
was es bedeutet jüdisch zu sein
→ meisten Juden in Weimarer Republik hatten sehr wenig (jüdisches) Wissen →wussten
kaum etwas über Hebräisch, Geschichte, Religion

→ Versuch d. assimilierten Juden ihr Judentum wieder nahe zu bringen → v.a. in
Erwachsenenbildung

- Franz Rosenzweig
  o Philosoph, Historiker aus assimilierter Familie, will sich eigentlich taufen
    lassen, aber davor will er noch mal d. Judentum kennen lernen
  o wird dann einer d. wichtigsten jüdischen Philosophen
  o Begründer des *Frankfurter Freien Jüdischen Lehrhauses*

- Martin Buber
  o Religionsphilosoph, später Professor an d. Universität Frankfurt

Bibelübersetzung

Rosenzweig u. Buber haben gemeinsam d. hebräische Bibel ins Deutsche übersetzt

war nicht d. 1. deutsche Übersetzung

Mendelssohn 18. Jhdt. war d. 1. (steht f. Beginn d. Integration d. dt. Juden in dt. Kultur)

- in Hochdeutsch, aber mit hebräischen Schriftzeichen
- wollte d. jüd. Menschen so die deutsche Sprache beibringen

Rosenzweig, Buber → gegenteilige Voraussetzungen, alle können Deutsch, keiner Hebräisch
- kreieren eine deutsche Sprache, die sich sehr am Hebräischen orientiert
- wollen dass das deutsche Werk wie das Original klingt (f. uns schwer zu verstehen)
  → Struktur, Klang nachbilden
- wollten d. dt. Juden zeigen, wie das Hebräisch klingt

→ soll dt. Juden, d. so deutsch sind, dass sie nicht mehr jüdisch sind, ihre alten Werte vertraut machen

Freies Jüdisches Lehrhaus
gegründet 1920 in Frankfurt am Main

- Art jüdische Volkshochschule

- Ziel: assimilierten Juden wieder jüdisches Wissen zu vermitteln
  o geht nicht darum wieder orthodox zu leben, sondern sich auszukennen
  o v.a. in Zeiten d. beginnenden Antisemitismus, wo man zumindest v. außen als Juden angesehen wurde

- Lehrer waren keine „professionellen" Juden – also keine Rabbiner od. ähnliches

- große Popularität: ca. 1200 eingeschriebene Hörer pro Jahr

- später auch Freie Lehrhäuser in Berlin u. in München

Popularisierung d. Wissenschaft

- Jüdisches Lexikon (5 Bände)
- Encyclopedia Judaica (10 Bände bis L)
- Jüdischer Verlag – seit Beginn d. 20. Jhdts.

Rezeption ostjüdischer Kultur
seit 1. WK starkes Interesse

- populäre Aufführungen jiddischer u. hebräischer Theater (Habima)

- Übersetzungen jiddischer Literatur

- Berichte deutsch-jüdischer Schriftsteller (Arnold Zweig, Alfred Döblin, Joseph Roth)

Jüdische Kunst

→ immer stärkeres säkulares Interesse an jüd. Kunst u. Musik – abseits d. Synagoge

- Bsp. nicht in Synagoge gehen, aber auf ein Konzert mit Synagogenmusik

- traditionelle Werke in moderner Ausstattung

- Haggadagestaltung (Gebete für das Pessachfest) in sehr moderner, tlw. expressionistischer Art

- Gründung einer bibliographischen Gesellschaft: Soncino-Gesellschaft für das Schöne Buch

Moderne Synagogenbauten

- in Weimarer Republik wurden nicht viele Synagogen gebaut (auch nicht viele Kirchen), aber die wenigen waren teils sehr moderne Bauten

  o Plauen: Bauhaus-Stil

  o Hamburg – da ist heute der Norddeutsche Rundfunk drin

  o München Reichenbachstraße – 1931 als letzte Synagoge vor 2. WK gebaut, im Hinterhaus u. als einzige Synagoge im 2. WK nicht zerstört (aus Angst umliegende Gebäude mit abzubrennen)

Berlin als Sammelpunkt hebräischer und jiddischer Literatur

- Inflation zieht ausländische Verlage an

- Berlin wird Zentrum hebräischer Schriftsteller
  o 1931 Hebräischer Weltbund gegründet

- 1925 Gründung des YIVO – Instituts für jiddischsprachige Wissenschaft zur Geschichte Osteuropas

---

Wie reagierten die deutschen Juden auf die NS-Herrschaft?

Albert Einstein: „Wenn ich mit der Relativitätstheorie recht behalte, werden die Deutschen sagen, ich sei Deutscher, und die Franzosen, ich sei Weltbürger. Erweist sich meine Theorie als falsch, werden die Franzosen sagen, ich sei Deutscher, und die Deutschen, ich sei Jude."

große Mehrheit d. dt. Juden haben sich als Deutsche gefühlt → deutsche Staatsbürger jüdischen Glaubens

→ selbst die Zionisten
    Bsp. Zionisten, d. schon vor 1. WK nach Palästina gegangen waren, kamen zurück um
    f. Deutschland im Krieg zu kämpfen

→ auch d. Orthodoxen sahen sich als Deutsche → zitierten in Predigten Goethe od. Schiller

Argumentation: selbst bevor es in GER Christen gab, gab es hier schon jüdische Siedlungen

spätestens 1933 wurde klar, dass das alles nichts genutzt hat

Januar 1933: Scheinbare Normalität

- 24.1.: Eröffnung des Jüdischen Museums Berlin
  o mit großen Feierlichkeiten
  o am 2. 3. wurde das Museum sogar noch von einer Delegation d. preußischen
    Ministeriums besucht u. gelobt (da brannte Reichstag schon)

- Hoffnung auf deutsch-jüdische Zukunft
  o Versuche jüdische Studien an dt. Unis zu etablieren
  o seit 20ern in Frankfurt eine Dozentur f. jüd. Studien → Martin Buber

dann 30. Januar.: Ernennung Hitlers zum Reichskanzler

Schritte der Ausgrenzung

- Februar: Reichstagsbrand → Reichstagsbrandverordnung
  o erste kleine gewalttätige Übergriffe gg. einzelne Juden
1.April Organisierter Boykott jüdischer Geschäfte durch SA

- das war ein Samstag – d. h. dt. Juden waren so assimiliert, dass sie am Samstag ihre
  Geschäfte offen hatten

- offiziell als Boykott auf d. deutsch-feindlichen Reaktionen im Ausland

- Spruch „Die Juden sind unser Unglück" – stand auf jeder Titelseite vom „Stürmer"

- wichtig: es gab da auch Kunden die jetzt bewusst u. extra bei Juden einkaufen
  gegangen sind

- als Folge davon gab es v.a. am Land in d. Zeitungen Schandspalten, wo
  aufgeschrieben wurde, wer noch bei Juden einkaufte

7.4. Gesetz zur Wiederherstellung des Berufsbeamtentums
- man musste jetzt Arier sein, um Beamte bleiben zu können

25.4. Numerus Clausus f. jüdische Schüler u. Studenten
- nur kleiner Prozentsatz an Juden durfte bleiben

Ausschluss aus weiteren Berufen
- Ausschluss aus Ärzte- u. Juristenkammern

- nur wer in Reichskulturkammer war, durfte noch Journalist, Maler, Schauspieler, etc. sein – das ging nur f. Arier

→ neben Diskriminierung → v.a. wirtschaftliche Folgen f. d. dt. Juden

→ wichtig: f. jeden Juden, der eine Stelle verlor, gab es einen „Arier" / Nazi der sich sehr darüber gefreut hat

→ wichtig: anfangs gab es schon noch „Deutsche" d. sich f. jüd. Kollegen eingesetzt haben

Beispiele f. unterschiedliche Reaktionen

- *liberales dt. Judentum* → aus dem „Traum der Assimilation" erwacht
  o Bsp. Max Liebermann
    ▪ Paradebeispiel f. d. assimilierten Juden (nicht getauft)
    ▪ bis 1933 Präsident der preußischen Akademie der schönen Künste
    ▪ 1933 Brief, wo er schreibt, dass er nun aus dem Traum erwacht ist

- *nationaldeutsche Juden* → Versuch d. Annäherung
  o sehr kleine Minderheit d. dt. Juden !
    ▪ ca. 1-2 % d. dt. Juden

  o Bsp. Historiker Hans-Joachim Schoeps
    ▪ schon vor 1933 soweit rechts angesiedelt, wie man als Jude nur konnte
    ▪ 1933 Verein „*Vortrupp - Gefolgschaft deutscher Juden*" gegründet
      • d. versuchten sich mit Regime zu arrangieren, sich anzubiedern
      • sahen Kommunismus als große Gefahr – davor schützt NS
      • Bsp. Schimpfen gg. Ostjuden → *die* dürft ihr ruhig ausweisen

      • ist 1938 ins schwedische Exil geflohen, 1946 kehrt er zurück u. wird Professor
      • blieb bis in die 70er Monarchist

- *Zionisten* → Bestätigung d. eigenen Warnungen
  o 10-15 % d. dt. Juden
  o Aufforderungen d. Judentum nicht zu verstecken → bewusst stolz zur Schau tragen
  o Bsp. Rabbiner Joachim Prinz
    ▪ Ruft jetzt zur Massenemigration nach Palästina auf
    ▪ „wir haben schon immer Recht gehabt"
    ▪ emigriert dann nach USA u. wird bedeutender Rabbi

→ manche versuchten alles, dazubleiben

→ einige wurden durch diesen äußeren Druck wieder zum Judentum zurück
        → Bsp. der getaufte Arnold Schönberg

Flucht ins Exil
→ manche gingen sofort u. kamen nie wieder zurück
    Bsp. Albert Einstein
    Lion Feuchtwanger
    → auch nach 2. WK nie wieder dt. Boden betreten

- man musste ja erst mal ins Ausland hineinkommen
- u. sich dann dort eine neue Existenz aufzubauen

- 1933 erste große Auswanderungswelle
- dann geht es zurück
  o auch wg. Olympiade
  o man dachte Nürnberger Gesetze bringen Rechtssicherheit
- 1938 dann wieder Anstieg

→ Hälfte aller dt. Juden schaffte es zu emigrieren

Aufbau im Untergang

- trotz all dieser Schrecken gab es ja noch viele Juden in GER
- und Menschen, die sich nie als Juden gesehen hatten, aber v. d. Nazis nun so eingestuft wurden

1933 Gründung: *Reichsvertretung d. dt. Juden* (später Reichsvereinigung)
    = erstmals ein reichsweiter Verband der in Deutschland lebenden Juden

- davor war das immer gescheitert wg. zu gr. Unterschieden innerhalb d. jüd. Gemeinden → nun durch Bedrohung v. außen geeint
- Leo Baeck wird Präsident

- Mittelstelle f. jüd. Erwachsenenbildung
  o wird nun viel populärer als vor Nazi-Zeit
  o steigendes Interesse am eigenen Judentum, wenn man jetzt von außen als Jude bezeichnet wird

- Schocken-Verlag
  o gründet 1932 einen Verlag, wo Autoren wie Kafka erscheinen
  o 1933-1938: Schocken-Bücherei → Taschenbuchserie mit rund 100 dünnen Bändchen, die den assimilierten dt. Juden d. Grundschriften d. Judentums erklären → Grundwissen d. Judentums

- Jüdische Presse besteht weiter
  o tlw. bis 1938
  o aber bald nur noch im Abo, nur direkt an Juden lieferbar

- Rabbinerseminare bestehen weiter

- Neugründung zahlreicher jüdischer Schulen

Kulturelles Ghetto

- Ausschluss von Juden von kulturellen Einrichtungen → Gründung des jüdischen Kulturbundes

- über einige Jahre treten jetzt d. bekanntesten dt. Künstler (Schauspieler u. Musiker) in geschlossenen Veranstaltungen vor jüdischem Publikum auf
  o viele d. bekanntesten dt. Künstler waren Juden

- 1. Stück: „Nathan, der Weise" → später dürften sie keine dt. Autoren mehr aufführen

- Rolle d. Kulturbunds = umstritten
  o Geistiger Widerstand
  o od. Verschleierung d. schrecklichen Situation?
    ▪ z.B. v. Tucholsky stark kritisiert, weil man eine Scheinrealität aufrechthält u. Menschen so vom Auswandern abhält
- Problem der historischen Beurteilung
  o Zeitgenossen konnten nicht wissen, was ihnen bevorstehen würde

---

Zurück ins Ghetto: 1933-1938

Zentralität des Antisemitismus im NS

- AS gab es davor auch schon, aber willkürlich

- nun von oben gelenkter staatlicher AS → AS war zentrales Element d. NS-Rassismus
  o NS hätte es ohne AS nicht gegeben !

- Anti-Slawismus, Arier-Nicht-Ariertum war nie so wichtig wie Antisemitismus
  o im Krieg kooperierte man mit Slowaken, Kroaten u. Japanern (Nicht-Arier)
  o aber unterdrückte Holländer u. Norweger (Arier)

- diese Zentralität d. AS zieht sich vom 1. NSDAP-Parteiprogramm 1920 bis zu Hitlers Testament 1945

- AS war absolute Priorität → 1944 nutze man wichtige Züge f. Deportationen u. nicht f. Truppenbewegungen
  o transportierte noch Juden v. Griechenland nach Auschwitz

1933-1939: Vorgeschichte des Holocaust?

in wie weit sind d. 1. Verfolgungen die Vorgeschichte d. Holocausts u. d. Massenmordes?
→ schwierig aus d. Nachhinein zu beurteilen, wir wissen ja wie es ausging

a) Intentionalistische Interpretation
   Hitler plante schon 1933 od. sogar in d. 1920ern d. physische Vernichtung d. Juden

33

b) Funktionalistische (od. strukturalistische) Interpretation
innere Dynamik, keine richtige Planung
andere Möglichkeiten d. Juden loszuwerden waren gescheitert u. jetzt im Krieg
konnte man Vernichtung durchführen

→ Wahrheit liegt irgendwo in d. Mitte

- Völkermord lag durchaus in d. Logik d. rassistischen Systems d. NS
- war aber nicht von Anfang an Ziel aller vor 1939 bzw. 1941 ergriffenen Maßnahmen

- kein eindeutiger Aktionsplan

- Richtung allerdings war ganz klar
- die Grundlage f. d. spätere physische Vernichtung wurde in diesen Jahren geschaffen

→ also durchaus keine völlige Planlosigkeit

Brenner glaubt ohne 2. WK hätte es keine Judenvernichtung gegeben !

<u>Abkehr von der Emanzipation</u>

- systematische Entrechtung

- Ausgrenzung

- Demütigung

- Beraubung d. materiellen Existenz

- Verhaftung

- Vertreibung

wichtig→ die Ausgrenzung wurde nicht nur von NS getragen
→ um den Juden Rechte weg zu nehmen, gab es relativ großen Konsens
→ auch von vielen Konservativen gefordert

- kaum Widerstand gg. Boykott u. Ausschluss d. Juden aus Berufen
  o gab ja viele Gewinner

- konservative (u. teilweise auch Mitte-) Parteien → bereits vorher antisemitische
  Elemente
  o „Fremdengesetzgebung" befürwortet

- Kirchen nehmen „nichtarische Christen" in Schutz
  o aber weiterhin theologische Argumente gg. Juden („Christusmörder")
  o auch Martin Niemöller u. Dietrich Bonhofer sahen das (anfangs) so

- Universitäten erklären sich f. d. „nationale Erneuerung"

- o Bsp. in Universität Göttingen gab es nach Berufsbeamtengesetz kein Mathematikinstitut mehr – alle Professoren waren jüd. u. nun entlassen

→ es gab natürlich Einzelfälle, wo protestiert wurde, aber das war so d. generelle Einstellung

- Bsp. in München Protestbrief v. 12 Professoren gg. Entlassung eines Kollegen

Bsp. „Forschung zur Judenfrage"

- sogenannte „*Gegnerforschung*"
  - o es war ja sehr lange nicht gelungen Lehrstühle d. Judaistik einzurichten
  - o jetzt plötzlich eigene Lehrstühle zur Judenfrage
    - ▪ aber natürlich NS-einseitig
    - ▪ Judenforschung ohne Juden

- 19. Nov. 1936 Eröffnung d. „*Forschungsabteilung Judenfrage*" im Reichsinstitut f. Geschichte d. neuen Deutschlands in München

- versuchen eine pseudo-wissenschaftliche Legitimation f. Judenverfolgung zu finden

- beliebte Themen
  - o Hofjuden in früher Neuzeit (Einfluss d. Juden auf Bevölkerung nachweisen)
  - o Sephardische Juden in Hamburg

=> Akademische Rechtfertigung d. Ausgrenzung u. später auch d. Vernichtung

- sonst hätte es Holocaust sicher auch gegeben, aber das half natürlich zur Rechtfertigung

- manche dieser Arbeiten wurden nach 1945 nur leicht verändert veröffentlicht

Nürnberger Gesetze September 1935

„Gesetz zum Schutze des deutschen Blutes und der deutschen Ehre"

- verbot Eheschließungen zw. Ariern- u. Nichtariern
- verbot jeglichen Geschlechtsverkehr zw. ihnen

- untersagte Juden d. Anstellung v. „arischen" Haushaltsgehilfen unter 45 Jahren

→ noch nicht betroffen waren bereits geschlossene Ehen zw. Juden u. Nichtjuden
  → wurden aber zur Scheidung gedrängt

Reichsbürgergesetz

führt neuen Rechtsstatus ein

- deutschblütige *Reichsbürger* mit allen politischen Rechten o dafür brauchte man min. 3 nicht-jüdische Großeltern

- Juden waren nur *Staatsangehörige*
  - o Bürger 2. Klasse

- Ausschluss aus Volksgemeinschaft

Versuch d. Definition, wer Jude ist
- „Volljude"
- „Halbjude"
- „Mischling 1. Grades"
- „Mischling 2. Grades"
- usw.

→ manche/viele Juden dachten, Nürnberger Rassegesetzen seien d. Abschluss, nun gebe es wenigstens Rechtssicherheit u. es kann nicht mehr schlimmer kommen

- gut 400.000 Menschen, die d. Nazis nun als Volljuden bezeichneten

- + ca. 200.000 bis 250.000 „Mischlinge"
  - o das sind viele Menschen, die oft davor nicht mal wussten, dass sie jüdische Großeltern hatten u. nun plötzlich nicht mehr Reichsbürger waren

<u>1936 ruhige Phase</u>
→ wg. d. olympischen Spiele

- da war man nicht so extrem
- extreme Plakate, etc. abgenommen

Bsp. beste österreichische Schwimmerin war Jüdin → weigerte sich zu kommen
Bsp. Helene Mayer dt. Fechterin u. Mischling 2. Grades → gewinnt Silbermedaille u. steht dann mit Hitlergruß am Podest

<u>1938: neuer Höhepunkt d. Verfolgungen</u>

12. März: Anschluss Österreichs
- was sich in GER über Jahre entwickelt hat, ging in AUT viel schneller u. radikaler
  - o Arisierungen
  - o Enteignungen
  - o Demütigungen
  - o sehr rasche Zwangsemigration (organisiert v. Eichmann)

im Sommer u. Herbst dann eine Reihe neuer Erlässe
- rotes J wird im Pass eingeführt (auf Druck d. Schweiz!)
- 2. Vornamen Israel, Sara

- alle noch praktizierenden Ärzte u. Rechtsanwälte verlieren ihre Approbation

- zahlreiche Geschäfte werden „arisiert"

→ dadurch Anstieg d. Emigration
- wenn es keine wirtschaftliche Grundlage mehr gibt, kommt man auch mit Diskriminierung noch weniger klar

Problem → viele Länder nehmen Juden nicht mehr auf

- Schweiz sperrt sich

- Briten erlauben kaum noch Juden in Palästina

- Konferenz von Evian 1938 bleibt erfolglos
    o nur Dominikanische Republik erlaubt so viele Juden wie wollen (der Diktator dort wollte sein Land „aufweißen")
    o und Shanghai erlaubte nach Beginn d. 2. WK als einziges Land Einreise ohne Visa

- USA nimmt über Quote hinweg nicht mehr Juden auf

Novemberpogrom 1938 – „Reichskristallnacht"

Nacht auf 9. Nov. 1938

- sehr lange vorbereitet: in KZs Buchenwald, Dachau, Sachsenhausen wurde seit Sommer 1938 systematisch mehr Platz geschaffen

- man wartete auf Anlass → der kam dann als am 8. Nov. in Paris der dt. Botschaftsrat Ernst vom Rath vom jüdischen Attentäter *Herschel Grynszpan* erschossen wurde

    o Grynszpans Eltern waren in „Polenaktion" ausgewiesen worden
        ▪ waren polnische Staatsbürger, die seit Jahren in GER lebten u. dann ausgewiesen wurden, Polen nahm sie aber nicht auf u. sie lebten mehrere Wochen im Niemandsland

- Pogrom begann gleich nach der Nachricht, dass Rath schwer verwundet worden sei (lebte noch 2 Tage) → am selben Abend versammelte sich im Münchner Rathaus die NSDAP-Führung, um Jahrestag des Putsches von 1923 zu begehen

- Niederbrennen fast aller deutscher Synagogen (über 100)

- Demolieren v. 7 000 jüdischen Geschäften
    o unglaublich viel Glas zersplittert → „Reichskristallnacht"

- etwa 100 Juden starben

- rund 30.000 männliche Juden kamen in Konzentrationslager
    o wer Visa bekam, wurde freigelassen

Europäischer Kontext: Globale Verschlechterung

→ diese Aktionen waren extrem, viel extremer als in anderen Ländern

aber auch in vielen anderen Ländern Europas ging es Juden auch immer schlechter !

Italien
- faschistisches Regime ohne AS
- es gab sogar hochrangige Juden in d. faschistischen Partei
- 1938 dann unter dt. Druck Erlass d. Rassengesetze

Rumänien
- Aufstieg d. Faschisten unter Cornelio Codreanu
- offener AS
- Revision d. Staatsbürgerschaft derjenigen Juden, die nach 1918 nach Rumänien kamen

Ungarn
- unter Regierung Gömbos Ausschluss d. Juden propagiert (seit 1932)
- Numerus Clausus an Universitäten

Polen
- nach Tod Marschall Pilsudskis 1935 Verschlechterung
- spezielle Judenbänke in Universitäten

Sowjetunion
- AS zwar staatlich verdammt (in Verfassung abgelehnt)
- aber unter neuem Namen neu belebt u. v. Stalin sanktioniert

---

„Die Endlösung", Gastvortrag von Prof. Steinweis

Zeit nach dem Pogrom: November 1938 bis September 1939

Hauptziele d. NS-Regimes im Bezug auf d. Juden:

- endgültige „Arisierung" d. dt. Wirtschaft → d.h. verschärfte Ausraubung d. Juden
- beschleunigte Auswanderung d. Juden

Hindernisse bei d. Auswanderung:
- begrenzte Fluchtorte
  o Einwanderungsquoten in Aufnahmeländern

- wg. Verarmung oft nicht genug Geld zum Emigrieren
  o durch Berufsverbote u. Arisierung waren viele Juden verarmt

bei Kriegsbeginn noch etwa → 250.000 Juden im Deutschen Reich (Dtland. u. Österreich)

- zum Vergleich bei Machtübernahme 1933 ca. 550.000 Juden in Dtland
- bis zum Pogrom 1938 blieben ca. 50-60% d. dt. Juden noch in Dtland

38

- nach Pogrom bis Kriegsbeginn haben viele 10.000de noch versucht zu fliehen

Erste Kriegsphase: September 1939 bis Juni 1941

1939 gab es noch keinen Plan, die europ. Juden umzubringen

<u>Polen</u>
- 10% d. Bevölkerung jüdisch (3 Mio.) → fast alle v. ihnen ermordet

- Kriegsbeginn: spontane Angriffe auf polnische Juden durch Wehrmachtsangehörige

- dann tlw. Vertreibungen v. Juden aus d. „eingegliederten Ostgebieten"
    o ausgehend von einzelnen Gauleitern, noch nicht Gesamtplan

- Gettoisierung als Sofortmaßnahme
    o kurzfristig angedacht, bis man entschieden hatte, was mit Juden passieren soll
    o so konnte man sie leichter kontrollieren
    o gab auch Ghettos im dt. Reich !
        ▪ Lodz (=Litzmannstadt) war im dt. Reich!

- Zwangsarbeit

<u>Andere Länder</u>
- antijüdische Gesetzgebung in Vichy-Frankreich, Ungarn, Rumänien, u.a.

<u>Deutschland (u. Österreich) bis Juni 1941</u>

- verarmte jüdische Gemeinschaft – wg. Berufsverbot u. Arisierung

- jüd. Bevölkerung in dt. Reich war im Durchschnitt verhältnismäßig alt
    o da d. jüngeren unter den Auswanderern verhältnismäßig stark vertreten waren

- viele Juden waren v. Sozialunterstützung abhängig
    o geleistet v. jüd. Einrichtungen (Reichsvereinigung)
        ▪ z.B. Jüdischer Kulturbund (Vereinigung d. jüd. Künstler, die bis Sept. 1941 noch vor anderen Juden auftreten durften)

- jüdische Selbstverwaltung

- zunehmende Zahl d. Juden wohnten in sog. „Judenhäusern" → getrennt v. „arischen" Deutschen

- erste Deportationen

- Auswanderungsversuche
    o frühere Ziele wie Frankreich od. Tschechoslowakei waren jetzt besetzt, nach Kriegsbeginn sehr schwierig auszuwandern

- Arbeitseinsatz
  - o wie in Polen u. anderen besetzten Gebieten mussten auch deutschen Juden bis 1941/42 (bis Deportationen) Zwangsarbeit leisten
  - o eigentlich genau d. gleichen Arbeiten, nur dass sie nie an d. Front arbeiten mussten (u. ungarische Juden z.b. schon)

Die „Endlösung" – Juni 1941 bis Kriegsende

22. Juni 1941 = Überfall auf Sowjetunion
→ brachte neue Radikalisierung d. Krieges

→ Krieg im Osten war im Gegensatz zu Krieg in Westen ein „Vernichtungskrieg"

→ ging Nazis darum d. etnisch-demographisch-„rassische" Landkarte Europas zu ändern

- Judenfrage wurde f. NS-Leitung immer wichtiger
  - o weil es in Osteuropa nun plötzlich viel mehr Juden gab, nicht mehr 250.000 sondern über 3, 5 Millionen Juden!

Entscheidungsbildung f. „Endlösung"
  untersch. Pläne

- Judenreservat
  - o wie ein riesiges Ghetto f. alle Juden
  - o am Beispiel v. Ansiedlungsrayon, Birobidzahn od. Indianerreservaten
  - o Plan: im östlichen Teil von Polen (Lublinland, um Lublin)
    - ▪ Problem: dt. Kommandant v. Ort wollte nicht mehr Juden annehmen

  - o Plan: Madagaskar
    - ▪ auf Insel umgeben v. Meer, Klima ist zwar f. Europäer schlecht, aber wenn viele Juden sterben, hatte man ja kein Problem damit

- durch Angriff auf u. Eroberung von UdSSR wären noch mal 3-5 Mio. Juden dazukommen, nun Entscheidung, dass die nicht mehr ins Ghetto kamen od. Zwangsarbeit leisten sollten → sondern Vernichtung

- „Euthanasie"
  - o = wichtiger Kontext f. Entscheidungsbildung zur „Endlösung"
  - o man hatte hier innerhalb d. dt. Reichs mehrere 10.000 Kranke umgebracht

Phasen der Endlösung

- Massenerschießungen in Sowjetunion ab Sommer 1941

- spätestens 1941 Ausweitung d. Massenmordes auf *alle* Juden Europas (nicht mehr nur sowjetische Juden)

- Wannsee-Konferenz, 20. Januar 1942
  o um Massenmordvorhaben detailliert zu planen
  o Entscheidung zur „Endlösung" trafen Hitler u. Himmler schon davor
  o Vernichtung aller Juden, aber davor sollten sie noch arbeiten

- Aktion Reinhardt
  o Umbringung d. Mio. Juden im Generalgouvernement (Polen)
  o Errichtung v. Treblinka, Sobibor, Auschwitz, etc.
    ▪ nicht mehr Massenerschießungen → sondern Giftgas

- Deportationen aus West, - Süd- u. Mitteleuropa u. aus Dtland
  o in Vernichtungslager im Osten

Entscheidung zur Endlösung = zweiphasig
1. Ermordung d. sowjetischen Juden
2. Ermordung aller Juden

Der Fall Deutschland 1941-1945

- ab Sept. 1941 gelber Stern
  o noch mal besonders demütigend
  o dadurch erkannten viele Deutsche erst, wie viele Juden noch in Dtland waren

- große Welle v. Deportationen ab Herbst 1941
  o wichtig: Deportationen waren öffentlich u. nicht geheimgehalten
  o 1942 Deutschland dann offiziell „judenfrei"

- Theresienstadt
  o wurde als „Musterghetto" dargestellt

- „Mischlinge" u. Juden in Mischehen

Juden in Deutschland nach 1945

Befreit – aber nicht frei

- viele dachten, dass das deutsche Judentum mit der Shoa zum Ende gekommen ist
  o das war der Grundtenor in allen weltweiten jüdischen Gemeinden
  o keiner dachte, dass es nach 1945 wieder deutsche Juden geben wird

    ▪ vgl. mit Vertreiben d. spanischen Juden durch Requonquista (davor die
      größte jüdische Gemeinde) – da kam dann f. Jahrhunderte mehr kein
      spanisch-jüdisches Leben

Jüdischer Weltkongress 1948

= Versammlung jüdischer Vertreter weltweit
    Grundtenor: es soll kein jüdisches Leben auf dem „blutbefleckten Boden" mehr geben
→ viele konnten sich nicht einmal in Europa wieder jüdisches Leben vorstellen

→ im Bewusstsein d. wenig überlebenden Juden war Europa ein großer Friedhof
    → da wollte man nicht leben

→ das muss man sich immer im Hinterkopf behalten !
    → für alle überraschenden Entwicklungen, die dann kommen

ca. 250.000 Juden lebten nach 1945 in deutschen Zonen
- fast alles osteuropäische Juden

v.a. in US-Zone → DP-Camps

Schritt zurück

Januar bis Mai 1945 → Befreiung d. Konzentrationslager u. Todesmärsche

- 27. Januar Befreiung Auschwitz
  - o da waren nicht mehr viele Häftlinge da

- durch die Todesmärsche kamen sehr viele osteuropäische Juden am Ende noch in deutsche Konzentrationslager

- 29. April Befreiung Dachau

- tausende Überlebende sind noch nach Befreiung gestorben

DP-Camps

DP = Displaced Persons
    = Angehörige d. ehemaligen alliierten Staaten, die nun in fremden Ländern waren
    → d.h. vertriebene Sudetendeutsche galten nicht als DPs

→ ein kleiner Teil aller DPS waren Juden, die aus KZs befreit wurden
    → ca. 30-50.000 Juden

auch → Rückkehr polnisch-jüdischer Überlebender aus Sowjetunion
- die waren 1941 weg von Hitler in Sowjetunion geflüchtet
- die kehrten 1945 wieder zurück in ihre Heimat → das war i. d. R. Polen

- dort stellten d. meisten fest, dass d. jüdischen Gemeinden zerstört waren, dass ihre Verwandten tot waren + dass sie in Polen nicht willkommen waren
  - o sehr aktiver Antisemitismus in Polen
  - o gab im Juli 1946 Pogrom von Kielce mit 41 Todesopfern

neue antijüdische Gewalt in Osteuropa → Pogrome
- das führt zu Fluchtwelle d. Überlebenden nach Westen

Flucht wohin?

- Israel gab es ja noch nicht
    - viele versuchten illegal in Palästina einzuwandern
    - wer an Grenze verhaftet wurde, kam in Internierungslager in Zypern

- USA hat größte jüdische Gemeinde
    - haben aber restriktive Einwanderungsgesetze
    - änderte sich erst 1948

Flucht ins verfluchte Land

- von 1945 bis 1948 kamen noch mal fast 200.000 (osteuropäische) Juden nach Deutschland

- amerikanische Zone in GER + AUT wird Durchgangssituation d. Flüchtlinge
    - wollten von da weiter auswandern

- 1945: 250.000 (osteuropäische) Juden in GER !
    - → v.a. in US-Zone

- in britischer Zone erlaubte man fast keine Juden → aus Angst, dass sie dann nach Palästina wollen

München war größtes Zentrum d. jüdischen DPs
- die lebten in Stadt, z.B. zur Untermiete

- d. meisten DPs waren aber in DP-Lagern untergebracht

DP-Lager

- Flüchtlingslager
- unter amerikanischem Kommando
    - viel Unterstürzung durch Amerikaner
    - viel Selbstverwaltung
    - aber schon auch Restriktionen – z.B. kontrollierte Ausgangzeiten

- ursprünglich waren in DP-Lagern nicht nur Juden untergebracht
    - jüdische DPs waren eigentlich ein kleiner Anteil
    - auch Zwangsarbeiter
    - auch osteuropäische nichtjüdische Flüchtlinge
        - tlw. weil sie mit Deutschen kollaboriert hatten u. deswg. v. Sowjetunion flüchten mussten

- eine d. 1. Forderungen d. jüdischen DPs waren eigene Lager
    - weil sie tlw. in DP-Lagern mit ehemaligen KZ-Aufsehern waren

- jüdische DP-Lager v.a. in Bayern u. Nordhessen

- o weil d. meisten Todesmärsche zw. Dachau u. Mauthausen befreit wurden
  - z.B. Föhrenwald (heute Wolfratshausen), Stambergersee
- DP-Lager waren sehr unterschiedlich

  - o manche waren in alten Pferdeställen
  - o manche waren aber auch frühere Hotels
  - o od. in alten Militärkasernen

- jeweils 5-7000 jüdische DPs pro Lager

von 1945-1950 gab es nun plötzlich Orte mit 5000 Juden
- das waren osteuropäische Juden → die sprachen Jiddisch
- waren v. außen hin auch leichter als Juden zu erkennen

- das waren f. viele Deutsche eine sehr ungewohnte Situation
  - o da gab es v. beiden Seiten kein Bedürfnis, sich gegenseitig kennen zu lernen

- d. meisten DPs wollten so schnell wie möglich wieder aus Deutschland raus
  - o aber das ging vorerst eben noch nicht

in diesen DP-Lagern → erstaunlich viel Infrastruktur u. Kulturleben

- gab richtigen Baby-Boom in d. jüdischen DP-Lagern
  - o unglaublich viele Babies, die jetzt hier geboren wurden

  - o KZ-Überlebende waren zw. 15 und 45 (gab keine Alten u. keine Kinder mehr)
  - o viele hatten auch ihre Ehepartner verloren

  - o großes Bedürfnis neu anzufangen u. allen zu beweisen, dass „wir leben"

    - viele Ehen in DP-Lagern (von Menschen, d. sich erst kurz kannten, aber die ähnliche Erfahrungen durchgemacht hatten)
    - u. viele Babies geboren

Religiöse und politische Aktivitäten

- nach 1945 gab es sehr bewegende große Gottesdienste im Freien
  - o wo auch viele hingingen, die nicht religiös waren
  - o um zu feiern, dass man überlebt hat

- man muss sich diese DP-Lager wie *Shtetl* vorstellen
  - o dt.landweit 60 religiöse Einrichtungen gegründet
  - o z.B. Talmud-Schulen

- wichtig in DP-Lagern → politische Selbstverwaltung
  - o da gab es Wahlen
  - o da gab es Parteien
    - meisten waren zionistisch geprägt

44

Amerikaner haben in DP-Lagern Umfragen gemacht, wo die DPs hinwollen
- 97% haben Israel angegeben
    o das war ein politisches Statement
    o als es Israel dann gab, sind nur ca. 60% dorthin

Illegale Einwanderung nach Palästina

1947 Schiff „Exodus" mit jüdischen Überlebenden
- ohne Genehmigung nach Haifa gesegelt
- vor d. Küste v. Briten abgefangen
- Kämpfe mit Toten auf d. Schiff
- dann von Briten nach Hamburg in DP-Lager zurückgebracht

→ löste riesige Demonstrationen in Deutschland aus
    → v.a. in d. DP-Lagern

→ das hat weltweit sehr großes politisches u. öffentliches Interesse erzeugt
    → Juden, die nach Palästina wollen u. nun nach Deutschland mussten

→ paar Monate später habt dann Mehrheit d. Staaten in UNO f. Teilung Palästinas gestimmt

München

= Zentrum d. jüdischen DPs

→ in München war Zentrum: Möhlstraße in Bogenhausen beim Friedensengel
    → lebten hier in Wohnungen, nicht in Lagern

- da entwickelte sich ein reger Schwarzmarkt
    o verkauften u. tauschten Dinge aus ihren CARE-Paketen

    o Schwarzmarkt gab es natürlich überall, aber in Bevölkerung u. deutschen Zeitungen wurde Schwarzmarkt sehr schnell mit Juden verbunden
        ▪ da gab es Polizei-Razzien

August 1949
- sehr große Demo gegen SZ
    o da kam es auch zu Gewalt mit Polizei

- „Down with the „Stuermer" of 1949, The Sueddeutsche Zeitung"

- ausgelöst von einem Leserbrief, den SZ abgedruckt hat
    o von einem „Adolf Bleib*treu*"
        ▪ der sinngemäß bedauerte, dass Juden nicht alle tot waren

Alltagsleben

- war eigentlich recht unaufgeregt

45

- Errichtung einer Infrastruktur in DP-Lagern

- 1945-1950 fast 100 jiddische Zeitungen erschienen
  o eine in München bestand sogar bis in 1970er

    o wichtigste Rubriken in diesen Zeitungen waren Suchanzeigen (suche Sohn, Vater, etc.)

    o und Fortsetzungsromane
      ▪ einerseits über Verfolgung u. KZ-Leben → Leidensgeschichte
      ▪ v.a. aber humoristische u. leichte Erzählungen

- jiddisches Theater
  o MINT- Münchner jiddisches Theater ging auch auf Tour durch DP-Lager
  o meisten Stücke waren alte humoristische Klassiker → zum Aufheitern

- Sport war sehr wichtiger Aspekt
  o d. meisten waren ja in sehr junger Alltagsgruppe

  o z.B. Boxkämpfe mit 1000 Zuschauern

  o Fußball
    ▪ → gab in Südbayern 2 jiddische Fußball-Ligen !

<u>Auflösung d. Lager</u>
    ab 1948

- 1948 Gründung Staat Israel
- 1948/49 erleichterte Einreisebedingungen in USA

bis 1950 waren 90% aller jüdischen DPs ausgewandert

das heißt aber → 10% blieben da !

    → da gibt es vielfältige Gründe
    → restlichen Juden haben das nicht verstanden

- die waren jetzt auch schon 5 Jahre da

- hatten sich Existenzen aufgebaut
- manche haben auch deutsche Frauen geheiratet

- manche waren krank

- d. wenigsten sprachen Hebräisch od. Englisch
  o aber Deutsch konnten sie gut verstehen
- in Israel herrschte ja auch Krieg
  o manche gingen nach Israel u. kamen dann wieder zurück nach Deutschland

<u>ca. 25.000 Juden blieben in Deutschland</u>

1950 alle DP-Lager geschlossen
→ zogen dann in Wohnungen

nur DP-Lager Föhrenwald blieb bis 1957
- das war wie eine jüdische Enklave – ein *Shtetl*
- eigene Schulen
- eigene Geschäfte
- eigene Verwaltung, eigene Polizei
- eigenes Kino

- war Art autonome Gemeinde
  o 1956 wurde beschlossen es zu schließen (v. dt. Regierung)
  o da waren noch ca. 1000 Juden, die dort lebten
    ▪ d. wollten nicht raus
    ▪ wollten auch nicht nach Israel oder so
    ▪ d. meisten kamen nach München od. Frankfurt in Wohnsiedlungen, wo sie wieder alle beisammen wohnten konnten

1950er

ca. 30.000 Juden in Deutschland (Vgl. vor 1933 600.000 Juden)
= ca. 0,05% d. dt. Bevölkerung

- davon 20.000 DPs

- davon ca. 10.000 deutsche Juden

  o das waren deutsche KZ-Überlebwende
  o v.a. aus Theresienstadt
    ▪ d. erst 1944/45 nach Theresienstadt kamen

- das waren Juden, die gar nicht od. sehr spät deportiert wurden
  o weil sie als „Mischlinge" bis dahin geschützt waren
  o also verheiratet mit Deutschen od. Kinder aus Mischehen
    ▪ die waren davor in jüdischen Gemeinden eher am Rand
    ▪ wurden erst durch Nazis offiziell Juden
    ▪ wurden nun nach 1945 führende Personen in jüdischen Gemeinden

- und Juden, die im Versteck überlebt hatten
  o z.B. viele „U-Boote" in Berlin überlebt

- und kleine Gruppe deutscher Juden, die sofort nach Kriegsende aus Emigration nach Deutschland zurückkamen
  o um neues Deutschland aufzubauen

Jüdische Gemeinden

→ meisten jüdischen Gemeinden wurden 1945 sofort wieder gegründet
- von den deutschen Juden
    o auch wenn das manchmal nur 20, 30 Leute waren

- deutsche Juden wollten Gemeinden wie vor Krieg wieder aufbauen (also liberales Judentum)

- dt. u. osteuropäische Juden waren ganz andere Gottesdienste u. religiöses Leben gewohnt

- d. dt. Juden haben dann oft gesagt, wir nehmen nur Gemeindemitglieder deutscher Staatsbürgerschaft aus

→ das war Grundsatzdiskussion, ob man liberale-deutsche religiöse Tradition fortführen will oder ob man nun d. osteuropäische-orthodoxe Tradition nimmt, weil davon ja mehr Juden da waren

- Synagoge in München ist eine orthodoxe Synagoge

- gerade in Bayern waren ja v. a. osteuropäische Juden da

auch Frage um Rechtsnachfolger u. Besitz v. jüdischen Gemeinden
- viel Streit, wem dieser Besitz gehören soll
    o Juden, die heute vor Ort leben?
    o Ausgewanderte Juden, die früher in diesen Gemeinden waren?
    o Staat Israel, der alle Juden u. Ermordeten vertrat?

man hat dann Nachfolgeorganisationen gegründet
- Besitz aufgeteilt zw. verschiedensten Gemeinden, Organisationen u. Staat Israel

Religiöses Leben

- gab wieder Notwendigkeit v. „Einheitsgemeinden"
    o eine Gemeinde pro Ort
    o orthodoxe Gemeinden waren am präsentesten

großes Problem → Rabbinermangel !
- 1950 fast 30.000 Juden
    o in 100 Gemeinden
    o aber nur 7 Rabbiner

→ mussten importiert werden
→ viele wollten nicht nach Deutschland kommen, konnten auch kein Deutsch
→ erst seit 90ern wieder Rabbinerseminare in Deutschland

48

Politische Repräsentation

- 1950 Gründung des *Zentralrats der Juden in Deutschland* als Dachorganisation aller jüdischen Gemeinden

- *Jüdische Allgemeine Wochenzeitung* als einzige überregionale jüdische Presse

- in Beziehungen zur Öffentlichkeit und Politik → Frage der „Wiedergutmachung" im Vordergrund

Rückkehr deutscher Juden
- weniger als 5% der emigrierten deutschsprachigen Juden kehrten zurück

- war abhängig → von Emigrationsländern (Shanghai, Afrika, Südamerika) → und Berufen (Schauspieler, Akademiker, Anwälte)

- in DDR gingen überzeugte Sozialisten bzw. Kommunisten (Anna Seghers, Arnold Zweig, Hanns Eisler, etc.)

Antisemitismus

- 8. Mai 1945 war keine Stunde Null → Antisemitische Propaganda nicht über Nacht aus den Köpfen verschwunden
  o offiziell aber weicht der Antisemitismus dem Philosemitismus

- Friedhofsschändungen von Anfang an
- Osteuropäische Juden als Angriffsfläche
- Hakenkreuzschmierereien vom Dezember 1959

Beziehungen mit Israel
- „Wiedergutmachungsverhandlungen" frühzeitig, aber mehr nicht
- Widerstände:
  o israelische Pässe gültig „für alle Länder mit Ausnahme Deutschland"
  o Deutschland: Hallstein-Doktrin (keine diplom. Beziehungen)
- erst 1965 diplomatische Beziehungen